U0600490

小公司赚大钱

优质商业模式

〔日〕中村裕昭◎著　冯莉茗◎译

中国华侨出版社

·北京·

图书在版编目（CIP）数据

小公司赚大钱：优质商业模式 /（日）中村裕昭著；
冯莉茗译. — 北京：中国华侨出版社，2021.8
ISBN 978-7-5113-8408-9

Ⅰ.①小… Ⅱ.①中… ②冯… Ⅲ.①中小企业 – 企业
管理 – 商业模式 Ⅳ.①F276.3

中国版本图书馆CIP数据核字(2020)第226683号

北京市版权局著作合同登记号：图字01 – 2021 – 3995

Chiisana Kaisya De Ookiku Kasegu! Saikyou No Business Model
by Hiroaki Nakamura
Copyright Hiroaki Nakamura 2019
Simplified Chinese translation copyright 20×× by Rentian Wulusi Culture development
co., LTD.
All rights reserved.
Original Japanese language edition published by Tsutashobo Co.,Ltd.
Simplified Chinese translation rights arranged with Tsutashobo Co.,Ltd.
through Lank Creative Partners co., Ltd. and Rightol Media Limited.

小公司赚大钱：优质商业模式

著　　者 /〔日〕中村裕昭
译　　者 / 冯莉茗
责任编辑 / 江　冰　桑梦娟
封面设计 / 扁　舟
经　　销 / 新华书店
开　　本 / 880mm×1230mm　1 / 32　**印张** / 6.5
字　　数 / 133千字
印　　刷 / 北京金特印刷有限责任公司
版　　次 / 2021年8月第1版　2021年8月第1次印刷
书　　号 / ISBN 978-7-5113-8408-9
定　　价 / 42.00元

中国华侨出版社　北京市朝阳区西坝河东里77号楼底商5号
邮编：100028
法律顾问：陈鹰律师事务所
发行部：（010）64443051　传　真：（010）64439708
网　址：www.oveaschin.com　E–mail: oveaschin@sina.com

如发现印装质量问题，影响阅读，请与印刷厂联系调换。

序 言

手里拿着这本书的读者中应该不乏经营者、企业家等已经拥有自己事业的人。可能还有部分人正打算通过做生意来提高收入，把自己从各种束缚中解放出来，活出自我、过上愉悦的生活。也许还有部分人希望在现有的生意外再多一份收入，于是选择了本书。我相信阅读本书会为这些读者们提供很大的帮助。

为什么呢？因为书中要教给大家的有关"打造小本生意"的技能和诀窍，可谓是一种终极的商业打造法，不仅能切实产生收益，而且只需要用最少的精力就能获得最大的成果，还能让我们拥有愉悦的生活方式，不再受时间和金钱的束缚。

什么是小本生意？它为什么可以让我们拥有时间和金钱？它与一般的创业和经营方法有什么不同？想知道的朋

友请详细阅读第一章。

小本生意也是商业形式的其中一种，所以如果要学习创业或提高企业利润的话，选择本书做参考肯定是一个正确的选择。如果各位的需求仅止于此，其实学习其他书籍也就够了。但想必各位寻找的是现有书籍和研讨会所没有的、更加实用、更加有效的诀窍。

比如，你有下面这些烦恼吗？

"为了客户很拼命地工作，但资金周转还是很困难。"

"花在工作上的时间比和家人相处的时间要多得多，想改变这种状态。"

"学习了当下很流行的经营窍门，但怎么都拿不到想要的结果。"

"一直在找创业和做生意的素材，但不清楚如何选择商品和服务。"

"希望在不承担风险的情况下，拿到一个好的成果。"

"想创业，但是根本不知从哪儿着手。"

"难道真有不被时间、金钱约束，还能拿到成果的商业模式？"

其实有一段时期我也因为同样的问题感到困扰。为了解决这些问题，我咨询了很多经营公司的前辈和专家，但基本是无果而终。为什么呢？因为他们也正困惑着，教的经营窍门都是一些过时的皮毛，做生意的思维固化，陷入所谓"常规""常识"里无法自拔。

• 认为公司的店铺数量、营业额、雇员人数等规模越大越好

• 认为只要能提供好的产品和服务，顾客一定会趋之若鹜

• 认为要让生意步入正轨，就必须花时间得到顾客的认可

• 认为要尽可能多地打造人际关系，以此来结识客户

• 认为要制订一个中长期的事业计划，必须紧盯每个月的业绩数字

可能大家都听过这些话，也有同样的想法，认为既然要做生意，肯定要制订一份详细的业务计划、增加销售额、雇佣大量员工、扩大业务。但如果是以小本生意为手段的话，要做的事和上述内容却是完全不同的。

制订中长期计划只是浪费时间。虽然向银行融资的时候需要"事业计划书"，但在打造生意的阶段是完全不需要的。就算手上没有任何一款产品或者服务，也能把生意做起来。

"没有事业计划书，业务能经营下去吗？"

"没有产品，怎么从顾客手上赚到钱呢？"

一直在学习如何创业、如何经营生意的人看到这里，恐怕脑子里充满了许多问号！朋友们，请暂时忘记以前学过的东西吧！

打算接下来创业的人就很幸运了，你们不用去咨询那些信守"常规"的创业顾问，也不需要借鉴那些专家学者的言论，因为他们有的只是企业职称和学历，满嘴的大道理。本书就是你们创业的起点，你们不需要耗费多余的时间和金钱就能掌握取得成果的最短路径，反而比那些经历更多的人成长还快、对发展更有好处。

◆ 小本生意是未来最强的商业形式

一谈到小本生意，也许有人会认为它仅仅代表几个人做小买卖，但其实它是一种适用于任何行业、业态的技能，并不是针对某个特定的行业的特殊说法。

简而言之，本书所讲的"小本生意"对于希望提高业务利润的人而言，是一种效率最高、效果最好、手段最强的商业形式。

并且本书讲的小本生意的基干中有一个主题，即让大家拥有愉悦的、不被时间和金钱束缚的生活方式。书中会有大量关于生意自动化、让你从生意中解放的技巧、想法以及商业模式构造法的内容。书中的内容都是实战总结得来的诀窍，纸上谈兵的理念、老旧的常识和书中内容相比，明显的结果差异让人为之感叹。

生意是由多种要素组合构建起来的。通过理解"小本生意"的理论，不仅可以学习能切实取得成果的商业模式打造法，还能学习到揽客方法、商品和服务的辨别法、生意自动化的流程，甚至是下一步的发展……所有都是具有实践性的、被验证过的内容。

因此，想将收益最大化的人或正在为销售和市场营销烦恼的人只要读了本书，就能够得到商业上最大的启示。另外，书中提到的永不失败的商业打造法、利用外包实现系统化变现等方法对于正在考虑创业的人有很高的参考价值。除此之外，书中还会提及打造好小本生意之后的下一个阶段，比如公司所有权、业务发展、公司转让、资产家、引退等。

不仅是想要学习企业创办和企业管理的人需要学习"小本生意"的概念，为了在今后的商业环境中生存下去，大部分人都要学习这个概念。为什么呢？人口下降、劳动力短缺、终身雇佣制的崩溃、养老金制度的崩溃以及这些问题引起的老年焦虑、科技发展带来的技术创新等，生活在价值观和各种概念都会改变的社会里，保护自己的绝佳武器只有在任何环境下都能提高赚钱技能的方法。

不过，若想要正确地学习商业的基础、拿到想要的结果，就需要从真正意义上理解小本生意，向在这个领域中有实战经验的专家学习。

这就是我写这本书的理由。

为什么那么多人拼命工作却得不到想要的结果？现在的社会充斥着各种所谓的诀窍、技巧，数量之多令人咋舌。即便如此，还是有许多人在做生意这件事上一筹莫展。归根结底，是因为在日本几乎没有人能说出什么是真正意义的小本生意。

我现在正在经营的业务有：废弃自行车清理业务的加盟连锁总部、创业·经营指导、新媒体、演讲讲师·讲师派遣以及讲座承办、为地方个体户以及小企业提供数字化转型服务。这么多业务只有我和两名员工在运营。

运营了差不多十年的和服回收店仅在启动三个月后就成了当地的第一名，废弃自行车清理的业务也在全国打造了业界顶级的组织，等等。我总结的诀窍全都有实战经验和实际成绩作背书，正因如此我才有资格跟大家讲解现在正在实践的小本生意打造法。

虽然经营着好几个生意和服务，我却并没有忙到连睡觉的时间都没有，相反，我差不多在 35 岁后就一直过着不被时间和金钱限制的日子，到现在已经快十年了。

虽然做的并不是挣几亿日元的大生意，但却能让我掌控自己的生活方式，不被任何人、任何事情所强迫。在我 26 岁经历第一次创业以及创业失败时，脑海中描绘的理想之一就是这样的生活方式。

我曾经历过停业，也曾因为消费信贷和高利贷而债台高筑。为什么在经历过各种曲折后，我还是能够实现当初创业时梦想的生活方式呢？我敢断言是因为我完全贯彻了"小本生意"的商业模式。

不仅我自己拿到了成果，我的客户、商业伙伴们也一样，凭借着"小本生意"的商业模式，以惊人的速度让生活方式发生了改变，让自己不再被时间和金钱所束缚。

◆ 将大量"高价课程"的内容总结成书

我说了这么多，有的读者可能会想"你的成功路径肯定是模仿不了的""中村先生已经做出成绩了，所以才能做到这种程度"。这些想法都是不正确的。

说到底我教给大家的都是"可再现的""不依靠个人能力""能拿结果"的窍门。只要大家去实践这些内容，就能像我和我的伙伴们一样，不仅可以拥有不被时间和金钱所束缚的生活方式，还能在商业的舞台上大显身手。

虽然现在的我做生意拿到了成果，但曾经的我还是有过苦恼的。如果那个时候的我能拥有打造真正"小本生意"的知识和智慧该多好啊。希望像我当时那么痛苦的人能越来越少……

我怀着这样的想法，在本书中归纳总结了只有小部分人才知道的、蕴含着巨大能量的诀窍。几乎都是在外面的研讨会需要花高价才能学到的内容，包括货真价实的小本生意构建法、市场营销术、让商业自动运转的方法、外包的技术、增加收入的构架等等。

由于我不是评论家也不是学者，所以只能用自己的语言把我曾经历过的失败、在成功中总结出的方法以及我注意到的东西教给大家。可能内容中会出现一些不太中听的话或者有刺激性的语言。如果我全说些无关痛痒的话，既没什么意思也不会给人留下深刻印象。既然大家好不容易花时间和金钱阅读本书，那么为了让本书成为一本能长久地留在大家身边的"真正有用的书"，我决定认真地写。

"拥有愉悦的、不受时间和金钱束缚的生活方式"是目标，是你人生新篇章的开始。我相信，和本书的奇迹邂逅会成为你获得美好未来的契机。

目 录

第一章 **小本生意的真实面目**

第二章 **永不失败的小本生意辨别法**

第三章　将失败风险降到最低的战略

第四章　为了成功揽客，哪些内容必不可少

第五章 实现生意自动化需要的措施

第六章　生意自动化以后的世界

总　结

第一章　小本生意的真实面目

01　蕴藏于小本生意的全新可能性

我会在本书中向大家传递"小本生意"的概念，它并不单是一种创业或是经营法的窍门。

毋庸置疑，本书中的内容会对各位的创业和经营有所帮助，也能让你们掌握实战性技巧，提高公司的收益。不过，若仅仅只能发挥以上作用的话，那本书与其他书籍也就没有任何区别了，何况在日本还有大把的人在开办创业培训班和企业经营培训班。

在日本，我认为很少有教练或顾问能够像我一样教大家如何打造小本生意。对于大多企业的经营者来说，似乎做生意一定要忙忙碌碌、勤勤恳恳才能赚到钱。

别误会，我不是在否定这样的工作方式，我不过是希望各位明白，不同的生意打造方式会带来完全不同的结果。

抛开企业老板的想法，如果世界上有小本生意这一类别的话，全球大部分企业应该都会属于这个类别。不管是附近的卖鱼店、杂货店，还是餐厅、美容院，又或是汽车维修工厂等。

通常，这些企业通过向客户提供时间、技术以及知识来获取利润。这是小本生意最普遍的工作方式。但由于是劳动密集型的工作方式，一旦生病或发生其他问题，收入就会停滞。一旦营业额无法提高，就会陷入停业的境地。

曾经的我也经历过停业的痛苦，也正因如此，我希望陷入这种痛苦的人越来越少，哪怕仅一个人也好。并且我希望大家明白，小本生意也可以拥有全新的可能性。这，就是我现在的动力，也是我写这本书的初衷。

02　最终目标是"从生意中解放出来"

如果你打造出了我所谓的小本生意的话，能够拥有怎样的未来呢？那就是不被时间和金钱约束的生活方式。

能自由选择工作的地点和时间，能够珍惜和家人相处的时光。想要拥有这样的生活方式，就必须打造一个能解放自己、还能稳步提高收益的生意。

自己真的能打造出这种梦幻般的生意吗？放心，肯定能，你只是不知道方法而已。什么？比起时间，你更希望能提高企业收益？那也不用担心，做生意没有收益怎么做得下去呢，关于这一点我也会着重地跟大家讲一讲。

我再强调一次，如今在日本几乎没有人理解、也几乎很少能有人教大家如何用真正的商业模式打造法打造小本生意，让我们的生活方式不再被时间、金钱所束缚。

我要讲的并不是"通过大量创办网站获得广告收入"这类围绕网络商务的打造法，而是一种打破互联网和实体生意的围墙、在任何行业和业态都能拿到结果的方法。

小本生意其实隐藏着巨大的可能性。希望能有更多人了解、运用我总结的小本生意打造法、自动化的诀窍，让生意失败的人越来越少。并且，希望在即将到来的"个人时代"里能有更多人大放异彩，过上丰富多彩的生活。

因此，生意的打造就需要以拥有时间和金钱为前提。在过去，大部分人做生意都是以经营的产品和服务为中心，但是我讲的"小本生意"是在打造生意的过程中，把做生意当作获得结果的一种手段。

挣钱的目的是什么？是用挣到的钱换取想要的东西、做想做的事。但现在却有很多人认为必须挣很多钱、要把业务做得很大才算厉害，所以这些人被困在商业的"常识"中，忘记了自己本来的目的。

当然，做生意肯定得有钱赚，我绝没有说挣钱不好，反而要大声地告诉各位：请贪婪地赚钱吧！

为了得到你想要的未来，无论如何都要打造一个不需要本人在前线指挥，还能系统化运行赚到钱的商业模式。

03 生意自动化的环境已经成熟了

要从生意中解放出来，就必须要借助一些外部的力量。比如在外包、调整内部事务或者重新定位业务、重建业务等过程中，他人的力量至关重要。

在过去，甚至连找外包都是一件特别难的事。但近来，由于终身雇佣制的崩溃和人们对未来的焦虑等因素的推动，创业和副业的观念开始深入人心，互联网的环境也越来越成熟，出现了一些众包服务的平台供大家进行业务交涉。在现在的环境里，任何人都可以随时随地开展业务。

随着5G（当前通信速度的100倍）的推出，网络速度会快得惊人。无论是数据的传输，还是网络会议都会变得很普遍，人们可以毫无压力地在任何地方进行各种合作。

除了这种物理性的革新，在今后自由职业者的人数还会逐步增加。据说现在的美国，有30%的劳动人口都是自由职业者。

　　如今的日本社会也在宣告终身雇佣制的崩溃，有越来越多的人开始寻求一种不依靠公司的生存方式。在这种大背景下，众包服务开始流行，公司职员、家庭主妇、自由职业者们能够利用自身技能做副业或主业的环境开始变得成熟。

　　"众包"是一种互联网服务，可以有效地将想要找人的人（请求者 / 客户）和想要找工作的人（承包商 / 工人 / 员工）联系起来。众包平台不仅能匹配合适的工作，平台服务运营方还会负责双方酬劳的交涉，所以这也是一套不易发生财务纠纷的机制。

　　此外，大型企业也早就通过 AI 人工智能、机器人、物联网、大数据等服务，不断地推进商业自动化。我们也可以利用这个曾经无法想象的、完善的互联网环境，打造一个能让生活方式不被时间和金钱束缚的生意。

04　所谓小本生意，就是经营者的劳动方式改革

今后的社会可能会出现很多难题，比如雇佣问题。但毋庸置疑，"小本生意"拥有解决这些难题的力量。

由于劳动人口的减少，在今后要确保充足的劳动力将会变得越发困难。以土建行业、运输业为首，便利店、超市、餐饮店等服务行业已经开始出现劳动力短缺的现象。

我作为讲师，也从各地的工商联商会、公司、组织等处了解到，这些地区关于"如何应对人才短缺"的会议也在增加。

不过令人烦恼的问题不仅只有这些，雇佣方需要从各个角度弄清楚的问题还有很多，比如带薪休假义务化、租金上涨、人力成本增加、劳务环境改善、应对工作方式改革、解决职场骚扰等问题。

只有"小本生意"是能够立即解决这些问题的。刚才

也提到过，虽然我经营着多个公司和多种业务，但只有我和两名员工负责运营。有时根据业务需求会招聘临时工，其他工作基本都采用外包。

由于我的业务原本就只需要最基础的员工，也不依靠人来运作，所以不会发生劳务纠纷等和人有关的问题。

不仅是人力资源问题，还有组织、成本、精力、贷款、风险、库存、时间等问题。打造小本生意时，尽量将最小单位的资源投入生意构成的各个要素中，这样就不会发生大的问题，能够集中精力取得结果。

"小"反而是最大的武器。在这个常识和观念都易发生巨大变化的时代，我们需要灵活应对各种状况。小组织可以加快决策速度，降低人工成本、减少其他费用，并且在早期阶段就能产生利润。之后再利用利润不断产生复利，让生意规避风险。

大多数个体户和中小企业本来就十分缺乏人力、物力、财力等资源，为了拿到结果，大家一定不可以忽略"小"这个关键词。

生意自动化就是"经营者的工作方式改革"。我们需要"打造一个不依赖人的机制"。这里的"人"并不是"他人"。而是指业务的运行不需要依赖个人的能力和适应性。不需要直接工作，只要管理得当就可以盈利。

但有一点不要误会，生意自动化不是"当甩手掌柜"，也不是"不劳而获"。而是需要根据实际经营的生意量身打造。

本书会详细讲解，为了实现生意自动化，需要将工作分为几大模块，不断将标准化的工作外包出去。

即使换了生意、换了行业，我们还是能利用该机制，复制方法、不断开发新业务。

05　打造小本生意，要决定"不做的事"

打造小本生意，首先必须明确"哪些事情不做"。我们常听人说"明确目标很重要"，但这里有个大前提：把小本生意做成"不被时间和金钱束缚的生活方式"的手段。

目标之类的可以在后期再明确，比起目标，更重要的是打造一个赚钱还不占时间的生意。

因此，明确什么不能做、什么不想做反倒更容易得到结果。

明明这也不会那也不会，却因为太想赚钱把什么都做了，最终把自己搞得手忙脚乱。所以先想明白自己不做的事都有哪些吧！

我个人认为，反正都不想做，想清楚了反而还没有压力，人也会变得更开心。

各位应该有听过"选择和集中"这两个词。我讲的概念虽然没有这么高大上，但实际就是"不做不想做的事"。

- 不做和钱没直接关系的事情
- 不做他人委托的事情
- 不做没十全把握的事情
- 不做赚了钱还很忙的生意
- 不做赚不了钱的工作

- 不做需要大量人力、物力、财力的生意

- 不做不可控因素多的生意

- 不做需要强行推销的生意

此外，我还根据很多不想做的事情制定了一份"不做清单"。

06 从开始就排除多余的问题

明确了不想做的事，就能花最短的时间拿到结果。为什么呢？因为不做的事情和两方面紧密相关，其一是"集中精力专注思考和行动"，其二是"从一开始就排除多余的问题"。

一般来说，做生意都会出现很多问题，但我认为只要能在解决问题前尽可能多地排除引发问题的因素，就能把精力集中在最重要的地方。这样就能在刚开始就斩断那些可能导致问题发生的因素。

当然，不管说得再漂亮，要是不赚钱的话，生意肯定没有未来。人类一旦需要一次性处理很多的问题，精力就会变得分散。所以应该优先将精力集中到和钱直接相关的地方。

如果没有提前明确不做的事情，业务会逐渐变得复杂，精力也会逐渐分散。精力一旦分散，利润的提高就会变得困难，同时，时间也会逐渐被占据。最后的结果就是为了生意整日焦头烂额。

我之所以说"精简组织就不会发生和人有关的问题，能将精力集中到赚钱赚时间上"，其原因也在这里。

也许也会有人认为"这也不做那也不做""这也不行那也不行"以及"明确不做的事"会产生消极的情绪，但我以为正是因为明确了不做的事，才能看见必须要做的事。

明确了不做的事情后一定要明确必须做的事情。如果不按照这个流程执行，思考和行动都会变得繁杂，所有努力都会半途而废。换句话来说，只有专注于思考和行动，才能把精力集中到结果的获取上。大家一定要时刻谨记这一点。

07　简单贯彻风险管理

用一句话来形容小本生意就是——"花费最少的精力得到想要的结果"。"精力"可以替换成很多词语——时间、金钱、员工、精力、库存、风险等。而"结果"则是想要的未来。

正因为有条件限制，人才会动脑筋想解决办法。小本生意由于物质条件不足，所以不可能什么都能应付，会有这也做不了那也做不了的限制。也正是因为人力、物力、财力的不足，才会出现"最小"的限制，如果出现了时间限制，那也只能在有限的环境下想办法取得较好的结果。

在这种背景下，我明确了一条打造小本生意最基本的概念，即"简单贯彻风险管理"。

所谓风险管理，就是"明确风险的所在，排除不可控因素"。经营企业为什么必须意识到这个问题呢，其实是为了把失败的概率降到最低。同时，因为钱是一切的根本，小企业应该首先专注赚钱。

我认为小本生意不必非要获得巨大的成功，虽然规模小但要先踏实赚钱、获得时间自由。换句话说就是不要期待一次逆袭，而是要避免失败、稳扎稳打地经营。

很多人认为"风险 = 金钱"，但赔钱、生意做不下去都是多种选择叠加后的结果，金钱并不意味着一定会带来风险。

真正的风险其实是指不可控的因素。如果勉强自己去掌控原本就无法掌控的东西，就会变成压力、麻烦。

一般的风险，其实都能在事前进行规避和处理。例如，如果认为借钱做生意有风险，那就选择不需要借钱的生意。

08 借钱、增加员工、开分店都是风险

无论做什么生意，首先需要的就是钱。如果要挣钱那

在一开始就需要花费或大笔或小笔的费用。有不少人由于错误的花钱方式让自己承担了不少的风险。

我常讲的一句话就是"不要扩大企业规模"。扩大企业规模需要投入更多的资金，增加更多的花销。如果要填补这些开支，就需要贷款。动用的资金越多需要的贷款就越多，否则业务根本无法运转下去。

我们常用"杠杆"来比喻以小博大，但小本生意其实并不存在真正意义的杠杆。原因是即使普通人想贷款加杠杆，但能贷的钱根本就不多。可能也会有人说"那就在能贷款的时候尽量多贷点"，如果这时贷款金额远远高于真正需要的金额，那当你真正需要钱的时候可能反而找不到钱应急，这种事情很常见。

在扩展业务的时候，贷款也许会发挥积极作用，但是一旦业务量下滑，贷款会立马变成风险。"银行晴天借伞，雨天收伞"就出自这种背景。如果你懂这个道理，就不应该靠银行的贷款来开展业务。

贷款是必须还给银行的。如果贷款是为了缴税、弥补销售额，就意味着每月都有这些必要开支。每个月支出的金额变多和小本生意的风险直接挂钩。

公司扩大规模会导致部分业务要在每月支付大笔固定费用，对这种业务的修订会比较困难。但如果公司的经营困难是由于保本点太高导致的话，也可以将调整组织规模大小作为解决的方法之一。请记住，小本生意理念的贯彻需要这样的风险管理。

09　不要让自己置身于风险之中

人工费用属于固定费用，但在会计的计算科目上可能有些许不同。包括店铺扩张和员工工资在内，一旦每个月的业务开支不断增加就可能会成为风险。每个月的开支变多就意味着每个月必需的盈利也增加了。

要支付这些费用首先需要现金，所以必须增加业务量来应付贷款、支付人工费用。

这些都意味着你将无法选择自己想做的事。但其实可控范围内的选择越多，对开展业务越有利。

如果周围的环境导致你只能关注眼前利益，就意味着选择范围会越来越窄，这样下去很有可能把生意和自己都逼到不利的境地。

假设每个月的必要开支为 1000 万日元，这些一般是不可以拖欠的开支，所以在支付日前就必须准备好现金。业务运行良好也就罢了，但如果营业额并没有达到预期，急需解决开支问题时，迫于对金钱的需要就必须接受不想做的工作。

而这些不想做的，一般都是无法变现、赚不了钱的事情。就算这些事不挣钱，出于对钱的渴望，可能最后还是不得不做，连商量的余地都没有，边做心里边想"就算不挣钱，好歹还有事儿做"。本来这些事不做也行，为了应付开支，就没有"不做"的选择了。

生意里的不乐观就是指挣不到钱。挣的钱不仅指应付开支所需的现金，还意味着到手的余钱。为了能让手里有余钱，就必须把固定开支控制在最小的范围内。

如果开连锁店就需要更多的钱、需要增加人手，渐渐地可能就忙不过来了。生意里的大部分问题都是人带来的，人多了自然问题也就多了，会出现各种不同的声音，本来应该上传下达的指令会被不同的声音干扰、左右。大家必须承认的一个事实：对于小本生意来说速度就是生命，一旦掺杂了人，就会导致速度变慢。

我在前面有提过，所谓的风险管理就是"明确风险的所在，排除不可控因素"。要排除不可控因素就必须将事情简化。

无论你是否想让事情变复杂，事物都会存在复杂化的倾向。事物越复杂其不可控因素就越多，到最后就可能陷入失控状态。一旦人想控制不可控的事，其所作所为就会在不知不觉间离挣钱越来越远。

大家一定要意识到，在必须专注挣钱的时间点，被无法直接产生收益的事情占据精力，这会产生很可怕的风险。所以，我们必须明确风险所在，做好风险管理，贯彻精简的理念。

第二章 永不失败的小本生意辨别法

01 写给不知道做什么和怎么做的人

要打造一个小本生意并将其自动化，前提是手上必须要有业务。本章我要告诉大家，做生意时必须注意的关键点。

手上已经有业务的读者可以跳过不读，如果对我抱着什么样的想法做项目感兴趣，或是想要开展新业务、增加一个收入来源的话可以继续阅读本章，也许能为大家提供一些有价值的参考。

有很多人想做生意，但却不知道该做什么，怎么做。选择什么产品？做什么服务？应该选择什么行业、什么业态？应该如何开展业务？做生意还有很多不得不考虑的事情。

每个人都不愿意为错误的选择导致的失败买单，所以有的人会变得过于谨慎，这导致了很多人不知道做什么、怎么做。

一旦一次性处理的事情变多，精力就会分散，所以在解决的时候就需要将事情进行细分化处理、集中精力处理一个问题。在考虑事情的时候也一样，把一个个问题进行细分并解决。

接下来我想告诉大家，应该用什么样的标准去看项目。

只有提前明确判断项目的标准，才能真正做到不被商品和服务左右、低风险运营。

02　做生意就是帮客户解决问题

我们来谈谈客户为什么要给你钱。客户付钱肯定是因为他们需要你提供的产品或者服务，但在其背后其实隐藏了一个非常重要的问题，如果没有意识到这点，你将永远走在寻找产品和服务的路上，成为一名创业难民。

大家的周围肯定会有人讨论"有什么好生意""有什么挣钱的项目"。我也常听到这种话题。

这时我就回答他们："废弃自行车清理就是个好生意。"其实不仅是因为我在做这个项目，更重要的是因为这个项目将焦点放在了解决问题上。

在这里，我希望大家记住一个前提，所谓的生意就是"解决客户的难题"。归根结底，客户想要的并不是你卖的产品或者服务，而是解决问题后的美好"未来"。比如购买保健品的客户肯定不是因为喜欢吃保健品才买的吧，客户想要的是解决问题后的"未来"，能够减肥成功、穿上漂亮衣服、被异性喜爱、变得健康。

很多人并不明白这个道理，有个常见的误区就是认为自己发现了一个特别有意思的产品或者认为自己有某方面的证书和知识，所以一定要做这门生意。满脑子想的都是"什么产品好卖""什么创业的点子挣钱"。

21

就算找到了很赚钱的创业素材、很有意思的产品、拥有某方面的证书或者知识，如果不能解决客户的问题，那这些就不可能作为一门生意来经营。

换一种极端的说法，对客户而言，只要你能解决问题，用什么办法都行。如果用自己的眼光看待产品是否好卖、是否挣钱，会降低生意成功的可能性，让触手可及的机会溜走。

无论你对某个产品多么热衷、拥有多么厉害的证书和知识，都应该先把精力聚焦到解决客户的问题上。有不少创业培训班和书籍告诉大家"用自己的爱好、愿意为之投入热情的事物来创业"。然而在现实生活中无论你投入多少热情，一旦研究的重点出错，这就只是个不赚钱的生意。

所以，不仅要从自己的角度来思考生意，还要站在客户的角度思考"到底客户需要解决的是什么问题"。

03 花费精力寻找生意素材就是浪费时间

没有经验从"零"开始做生意或许会感觉很难。但只要稍微观察一下四周，其实就能发现身边到处都是生意的素材。

举个例子，你现在身上穿的衣服、鞋子、享受的理发服务、早上吃的面包、创造这些东西的人等，提供某些东西或者被提供某些东西都意味着金钱的流通。

"人的生活 ＝ 经济活动的开展"。生意就是"支撑经济活动的最根本的行为"，从这个角度思考就会发现身边所有的商品、服务都是生意的素材。

拿"手表"举例，从生产到出现在消费者手中，整个过程有哪些相关的工作？手表的销售员、设计者、产品生产、材料加工、组装、专卖店的租赁、店铺设计、批发商、店内货架供应、广告宣传、物流、网站设立、财务、员工招聘、员工培养、加盟业务支持等，涉及的要素极多。

再进一步分析上述提及的"物流"。比如配送员、卡车销售、卡车维修、分拣、发票印刷等都是和物流有关的要素。

不要仅将某个产品或服务看作"一个整体",而是要分析隐藏在产品生产过程和整个脉络后的内容。这时候你就会发现,需要如此多的因素叠加起来才能形成一个完整的生意。

做生意肯定不能忽略收益、"这个生意能不能做成"等要点,但如果完全将焦点集中在寻找"生意素材"上实在是有点浪费时间,想必大家能明白这一点。

04　生意就是代替客户做事

如果弄明白了生意就是帮客户解决问题这一大前提,同时能够思考生意是"替谁做事儿",应该就能够更灵活地找到创业素材。我还是拿刚才的"手表"举例,其实在买到手表前有很多人为你做了事儿。有人"替你"设计手表的企划、制作手表、通知你这里有你想要的手表、在店内展示手表、将手表送到你家。

之所以我们每天都能吃到米饭、蔬菜、肉类，能在餐厅吃饭、喝酒，都是因为有很多人代替我们培育食材、运输、烹饪、上架到商店，所以我们才能在没有任何阻碍的情况下得到食物。

请不要忘记，即使是双眼看不到的服务，也是由他人代替我们完成的。比如读书、参加研讨会、商业洽谈等，都是由其他人代替你学习了很多知识，并将这些知识总结后教给了你，所以你才可能获得灵感、自我成长、挣更多的钱、控制时间和金钱成本、拿到更多的成果。

金钱是全世界共同基准的工具，利用金钱将我们提供的、接受的物品进行价值的标价，让生活变得更好。

"所谓生意就是为了解决客户的问题，替你的客户找到解决方案"，只有明白这个道理，才能避免在做生意的过程因为自大而产生风险。

05 判断生意能否成功的标准

毋庸置疑，为了拿到好的结果，肯定不能忽视行业的选择以及项目的选择带来的影响。但除此之外，还必须拥有正确判断生意潜力的眼光以及标准。

简而言之，就是需要大家掌握一套标准可以准确地分析生意。我通过分析小本生意，总结了十个判断标准。小本生意不应该冒极端风险，而是要一边管理风险一边发展。

基于这些原因，我们需要参照以下标准来判断是否该选择某个生意。

· 项目选择的判断标准有以下十个问题

1. 提升营业额是否容易，到手利润是否较多？

2. 资金流转速度是否快？

3. 重复消费可能性高吗？是否容易？

4. 小投资是否能做起来？

5. 是否能做到差异化经营?

6. 是否可以排除不可控因素?

7. 工作开展是否可以不依靠人力?

8. 客户招揽是否顺利?

9. 市场规模如何?

10. 商业模式是否已经确立? 或者能否确立?

如果想要详细了解这十个项目的判断方法, 可以阅读我的另一本书《无论出于什么状况, 如果要赚钱养活一家四口, 只能选择小本生意》。一旦掌握这些判断标准, 那么看待生意的角度也发生变化, 希望大家能够灵活运用这些方法。

当然, 如果生意没法顺利开展也并非是因为不符合这些标准, 只是符合的选项越多生意成功的概率就越大。对小本生意而言比起经营的产品、提供的服务, 商业模式的稳固性才是最重要的。

如果选择一个耗费精力的生意, 无论多优秀的经营者都要苦战一番。相反, 如果这个生意顺应市场潮流,即使是一个普通人来做,要想拿到好结果也不是难事儿。

06　不做不挣钱的项目

做生意就是要创造营业额、盈利,最后把钱挣到手上。无论生意的营业额有多高,如果不能盈利,手上就不会有钱。大家应该常听到"薄利多销"这一词,但其实小店或者小公司并没有办法做到"多销"。

为什么呢?因为"多销"意味着需要更大的卖场、更多的人工、更多的商品库存,要扩大宣传力度花钱做广告宣传、做活动等,每一件事都要花钱,生意也会变得越来越复杂。

如果是和数码数据相关的生意,也许不会存在物理性库存。但如果是普通的、需要库存的生意,就算利用了互联网手段也不会改变库存的存在。

"薄利"意味着挣得少。举一个极端的例子,如果销售额是 100 万日元,进货就要花费 99 万日元的话,根本就挣不了钱。如果这时利用降价吸引顾客，一旦出现更有资金实力的企业用更低的价格向客户提供相同的产品和服务，就完全没有胜算了。

归根结底，"薄利多销"的商业模式只有那些拥有资金实力的企业才可能实现。对于没有资金实力的普通人来说，"薄利多销"的商业模式不仅不会让经营变得轻松，反而会让生意陷入泥沼，跌入地狱。

虽然战略性降价是营销手法的一种，但如果不考虑其他因素，一般的"薄利多销"的商业模式除了价格之外很难出现差异化经营。所以，薄利多销的战略会导致这些产品或服务烂大街。

由自己承担风险做生意时，如果除了价格之外不能做到差异化经营，最后的结果是什么？结果就是没有任何梦想和希望。所以，小本生意需要的是能够实实在在留下利润的"多利少销"，即使营业额不高。

小本生意要连续保持每月 1000 万日元的营业额并不是一件容易的事情，但如果把目标定到 100 万日元就没有那么高了。假如生意的成本率是 50%，100 万日元的营业额只能剩下 50 万日元。如果还要用剩下的钱支付租金、新产品进货费、水电气费、人工费等必要费用的话，手上几乎剩不下钱，所以自己的工资只能是 0 元。

如果不招员工和临时工，只靠自己一个人单干，一个月能盈余 20 万日元可能还过得去。有人会想"剩 20 万日元的话，勉勉强强能够生活"，但如果营业额跌倒 90 万日元呢？ 80 万日元呢？如果要揽客的话，促销费用又怎么办？

做生意肯定是有起有落、有好有坏。特别是在创业初期，大概率来讲肯定是坏的情况多。但如果坏的情况比自己预想还要多的话，可能就只能停业了。

07　选择一个能保持盈利的生意

在创业初期，由于花钱的速度比挣钱的速度快，所以要把钱存留在内部不是一件简单的事。就算能把钱留在手上，金额也不会太大。这么一想，如果生意的成本率是

50%，就算把营业额做到 100 万日元也远远不够。

可能有人会想，如果把营业额做到 150 万日元是不是就万事大吉了？说真的，一个 100 万日元营业额都做得勉勉强强的店要把营业额提高 1.5 倍，谈何容易！

虽然现实生活中也有很多方法能办到，但不管有没有我说的那么难，你需要明白即使是把成本率 50% 的生意用数字展现出来都那么严峻，所以一定要清楚认识到"非战略性降价销售"带来的巨大风险性。

其实我的和服回收业务的成本率只有 5% 左右。靠回收和服获利的基本模式是把从普通家庭收购来的和服卖给从业者的拍卖行。由于旧和服基本卖不了高价，所以把和服直接卖给普通消费者的销路就变得越来越重要。不过说实话，对于穿和服的人群来说，这些拍卖行卖不了好价格的和服并不会很受欢迎，基本只能算"破布"吧。

但经过多次市场测试后，我发现旧和服的布料在爱做手工的人群里特别受欢迎，而且卖的价钱也高。于是在这种背景下，我打造了一个成本率只有 5% 的商业模式。

成本率 5% 意味着什么？假如一个月营业额有 100 万
日元，我大概能留下 95 万日元的毛利润。由于是在福岛
县磐城市这种很普通的地方中心城市开店铺，所以租金没
有那么高。扣除人力费的开支还能剩下 85 万日元。

要是把营业额提高到 200 万日元，就能剩下 180 万日
元。即使营业额急速下滑到 50 万日元，也还能剩下 37.5
万日元。

就算营业额下滑一半，这个生意仍然可以经营下去。
低成本率在如今这个充满不确定性的时代可以说是一个很
大的优势。

08　从一个产品上开发出多个盈利渠道

对小本生意而言，利润最大化非常重要。另外，在增
加收益方面还有一个不可忽略的因素，即"一个产品是否
可以有多个盈利渠道？"我称之为"变现渠道"。

拿我们经营的废弃自行车清理业务的变现渠道来举

例。自行车清理业务属于解决社会问题类的业务，公寓小区的管理者、开发商委托我们清理住户留下的废弃自行车和摩托车，有的服务是免费的，有的服务则会收取一定的酬劳。

现在的废弃自行车清理业务的合伙人制度就是把我们总结好的业务经营诀窍、独立开发的网页系统提供给对业务感兴趣、想做这门生意的人。通过这种方式我们把业务扩张到了全国，并且凭业界龙头公司的身份打造出了业界顶尖的组织。我们根据自行车体的新旧状态，为清理后的自行车制定了 4 个变现途径：1. 出口；2. 销售；3. 租赁；4. 卖废铁。从一个产品上开发多个收益点，我称之为多渠道变现。

一般的货物买卖流程是把进货的产品卖给客户，这可以看作一个变现渠道。一旦商品没有卖完就会成为库存，库存就是金钱，所以必须消化掉库存。

但在废弃自行车清理业务里并不存在"卖剩"的概念，为什么呢？因为我们打造了多个销售渠道，即使是骑不了的自行车最后也能卖废铁。

也许要找到类似于自行车清理业务这种不需要加工、拥有多种变现渠道的生意没有那么容易，但大家一定要有一个认知，即生意的变现途径越多优势越大。

"某个商品如果不需要加工，是否拥有多种变现方式？"只要大家能下意识去思考这个问题，应该就能够理解多渠道变现的含义。

09　用成本率为 0 的秘密打造不会失败的生意

自行车清理业务最大的特点就是成本率为 0。通过回收公寓、小区的废弃无主自行车再将其变现，所以并不需要花钱进货。大多情况下，物业管理者会在清理的阶段给我们一些施工费，从这点来看，进货不会花钱反而还挣钱。

自行车清理业务不需要铺面，所以几乎没有其他的开支，由于不会被社会经济状况和其他外部因素影响，所以基本不会出现营业额暴跌一半的风险。

此外，自行车清理业务是帮助物业管理者清除废弃物品，所以可以按照我们的情况自主安排什么时候做、怎么做，也就是说并不会受到时间限制。在这种背景下，不仅是创业加盟的人能做，想做副业的人也能做。近几年有很多人决定先以副业的形式参与到这个生意，等结果越来越好了就可以独立运营。大家平时都做着公司职员，到了周末就做副业，通过这种方式让自己多一个选择，不让生活暴露在风险之中。

综合以上因素，自行车清理业务可以做到 0 成本率，不需要担心产品卖不完出现库存、不需要店铺、通过网页系统就能进行管理、可以根据自己的情况开展业务，是一个几乎不存在风险的生意。

当然，这样的商业模式并不是随随便便设计出来的。我也是经过慎重思考、大量试错，最终才设计出了这么优秀的商业模式。

如上述所言，由于小本生意很难提高营业额，所以必须考虑如何提高利润率。当然，提高营业额也是非常必要且重要的，没有营业额哪来的利润呢？一旦利润率低的生意出现营业额下滑的状况，经营状况就会变得困难。

所以，对于没有丰厚资本的小本生意来说，无论是一款多么令人痴迷的产品，只要这个生意不能盈利就绝对不要出手。

10　做生意要从撤退开始思考

我认为"做生意要从撤退开始思考"，也许大家从来没有听过这个概念。我于 2018 年 9 月末关闭了在福岛县磐城市经营了快十年的和服回收店。

我的和服回收业务可以说是非常优秀的。东日本大地震等原因让这个生意出现过一些危机，但由于这家店已经做到了当地第一名、且成本率不足 5%，所以即使我没怎么花精力经营这个生意，它也能为我带来利润。

那为什么我还要关闭它呢？其实真正的原因是"客户高龄化、需求量减少导致的市场萎缩"。

在刚开始做和服回收业务的时候，我就预计这个生意最多只能维持十年，所以我计划在经营的第五年或第七年就考虑撤退，最晚也要在第十年考虑撤退，我抱着这种想法做起了和服回收生意。

由于受到东日本大地震的影响，和服回收店在经营过程中出现了营业额连续四个月为零等完全出乎意料的情况，一度陷入停业的危机。但即使市场不断萎缩，这家店铺还是维持了十年，为我带来了稳定的利润，确实是一个很了不起的生意。

但即使和服生意步入正轨了，我也认为"营业额就算一直跌也不可能再涨了"，我的这一判断一直没有改变过。后来其他的生意也渐渐地步入了正轨，我也没有了执着于和服回收业务的特殊理由，所以在一个合适的时机节点我撤退了。

那原因是什么呢，其实是因为和服回收生意属于"和客户一起变老的商业类型"。我会在后面讲到客户生命周期价值，如果大家能提前理解这种商业类型，就能在某种程度读懂商业的寿命以及改善的措施。

其实生意撤退的时机点和判断比启动生意更重要。特别是在生意的营业额没有达到预期的时候，就需要判断继续靠贷款经营下去还是撤退。这个决定也会影响你之后的人生。

特别是重新打造一个生意或是一种服务的时候，需要提前明确这个生意"什么情况下需要撤退"，这一点非常的重要。

此外，在生意启动前对生意或服务做测试也很重要。测试阶段可以进行各种尝试，如果感觉不明白的问题太多、生意很难开展的话，就可以在刚开始就放弃。

在大部分情况下，旁人认为生意撤退就等于你生意"失败了"，但切记，你一定不要在意周围的眼光。

如果是因为无法增加营业额使得业务无法顺利推进导致的生意撤退，那么就应该承认、接受以及保护自己，在伤口尚浅的时候及时止损，为进入下一个阶段做准备。

挣钱的手段有很多，为了走上新的道路，撤退其实也是一个新开始。所以尽可能漂亮地谢幕，顺利地进入下一个阶段。

11　什么是客户生命周期价值

有一个术语叫客户生命周期价值：LTV（Life Time
Value）。它代表单个客户一生能够在你的商店里花费多
少钱。

例如，一位客户连续 5 年每月消费 1 万日元，则该客
户的终生价值为 60 万日元。获得一位客户，预计可以实
现 60 万日元的销售额，所以制定"在一个客户身上花费 2
万日元的获客广告成本"的策略就会比较简单。

邮购公司等在计算客户生命周期价值的时候完全落实
到数字上，虽然短期内获得新客户的成本较高、可能会出
现亏损，但如果从长期来看有利可图的话，公司会果断地
投入更多的获客成本。

可以通过以下策略将客户生命周期价值最大化：

- 提高平均购买价格
- 增加购买频率
- 延长购买时间
- 压缩获客成本
- 降低维护成本

不过店铺和中小型企业很难详细地计算客户的生命周期价值。由于较难落实，所以只需要提前理解这个概念、大致了解其中的关联性就好了。

12 从卖方和客户关系来看 LTV

我认为客户生命周期价值是需要从"卖方和客户关系来思考的商业模式"。其实有两大种商业模式需要从卖方和客户关系来思考。通过了解这两种商业类型，就能够了解人与消费和服务之间的关系。

- 和客户一起变老的商业类型
- 客户在某个特定年龄和时间点消费的商业类型

关于前者，大家可以想象一下街上的老式美容院，这样会更好理解。老式美容院之所以可以运营多年是因为一直和老顾客打交道。在新老客户的比例中绝大多数都是老客户。由于这种类商业类型的客户和老板的年龄大都相差不多，所以我称这种类型的生意为"和客户共同变老的生意"。

这种生意不需要特别考虑策略，不需要客户生命周期价值的概念，也不需要考虑事业的传承。

随着年龄的增加，老客户会生病或死亡，客户重复消费的次数也会减少；随着老板自己年龄增加，逐渐地也会变得无法与更多客户打交道，渐渐淡出舞台。但如果老板和客户之间存在一定年龄差异的话，应该就不会一起消失。

我从 30 岁多一点开始做和服回收，客户主要是 60 岁左右的女性。我开始做这个生意时和客户之间的年龄差距超过了 20 岁。

现实生活中，随着客户年龄的增加，他们对和服的需求也会逐渐变小，同样购买和服面料的人也越来越少，市场不断萎缩。于是新客户的获取会变得困难，客户生命周期价值也在不断缩小。自开业以来我听见客户讲得最多就是"年龄大了，穿和服越来越困难""眼睛不好，关节疼痛，连缝衣服也不行了"。由于某种原因导致客户开始离开时，一旦离开的客户比新客户多得多，就很容易让人联想到，在不久的将来这门生意就会走向终结。

面对市场的萎缩，其实还有一种解决思路，即利用互联网扩大销售渠道（商圈）。通过扩大销售渠道来获取新客户，以此弥补客户生命周期价值减少的部分，进而通过销售其他产品产生新的利润。

在接下来的时代里，绝对不能忽视互联网在销售渠道开发中的作用，这是必须实施的策略之一。

我做的业务里有一个前提，随着客户生命周期价值的降低，只撤退和服回收业务。在综合考虑了性价比之后，我决定不在和服回收业务上投入线上销售。即使投入线上销售，考虑到之后的市场涨幅、价格下跌、产品滞销、性价比等因素，我还是没有改变最后撤退业务的判断。

如果生意具有市场活性、可以不断聚集新客户，那么经营者和客户之间的年龄差异就显得没那么重要了。

这类属于"客户在特定年龄和时间点消费的商业模式"。如同客户会在60岁左右对和服有一定的需求一样，我们只需要投入符合客户年龄阶段的产品和服务就好。

例如，婴儿用的尿不湿就是特定年龄段的必需品，一旦过了这个年龄，客户就不会再次购买尿不湿。换句话说，目标客户已经过了这款产品的需求阶段了。所以产品和服务的提供者需要扩大经营范围，开发符合该客户年龄阶段的其他产品，复合性地增加收益。

最近日本的入境消费和旅游观光也在不断增加，这也是一个例子。在人群自发聚集的地方，即使没有刻意招揽客户也能相对轻松地把业务发展起来，所以入境消费的目的地、旅游景点存在一种天然的优势。但做这种生意必须需要注意的是，一旦矢量方向改变、没有了人群聚集，这种优势会立马成为劣势。入境消费和旅游景点比较特殊，可能也会有人思考这种生意是否需要引入LTV的概念，但我认为做这种生意时只要有意识地"提高客户平均购买价格"就行。如果各位能提前理解这两种商业模式，业务的开展也许会轻松一些。

顺便一提，即使经营的产品和服务受众广泛、覆盖的年龄层较大，也需要有针对性地向客户传递信息。比如现在的智能手机普及率已经高达到百分之七八十或者更高，但智能手机商家也将手机的受众分为了年轻人、商务人士、儿童、老年人，有针对性地根据客户类型向他们传递信息。

但我还是建议小本生意要有针对性地选择产品或服务，相较于年龄层覆盖较大的产品和服务，反而有经营侧重点的生意更容易拿到结果。

13　写给还没决定经营什么产品和服务的人

可能有的人"已经理解了生意选择的标准，但还是不确定要经营哪种产品和服务"，所以我还想给大家提一些建议。

从结论来讲，生意需要通过"测试"筛选出未来要经营的产品和服务，在此阶段没有必要拘泥于某个产品。但有的人连测试阶段该选哪些产品和服务都不知道。

之所以选择不了，是因为缺乏可供判断的素材，以及还存在一些感情上必须弄明白的部分。

如果找不到生意的素材，请到书店的创业专栏寻找各种商业的创意，或看看其他加盟杂志，大致了解一下世界上有哪些生意。如果发现了感兴趣的产品或项目，就去参加相关的研讨会。

对于感兴趣的东西要尽可能多地获取原始信息。说实话，无论在网上怎么查阅，你始终是不懂行的，所以尽量在没有主观偏见的时候参加相关的研讨会。多去几次就能大概了解产品的情况。

如果打算通过加盟品牌发展新业务的话，品牌总部签约的特许经营合同里可能会制定很多具体的规则，所以我也不清楚这些项目的自动化水平有多高。

现在也有一些自由度高且能够提供经营诀窍的特许经

营合约，所以如果想通过加盟创业实现生意自动化的话，就需要在一开始确认这个业务的自由程度。

例如，便利店的特许经营就有严格的规则，自由度非常有限。但也正是由于规则很严格，加盟者不用考虑太难的问题，只根据规则开展业务就能够运营下去，这也算是一个优点。

还有一种专营权，可以要求品牌方提供品牌名称、经营技巧和系统，加盟方能根据自身状况开展业务。这样做的好处是业务自由度高、能够让加盟者很容易地发挥经营的才能。我们废弃自行车业清理业务的合伙人系统就是这种高自由度的商业模式。

无论哪种方式都无法百分之百保证生意的结果。所以只要选择一个更容易实现自己目标的生意就行了。

如果经过各种调研，你还是无法抉择的话，就代表你并不处于适合创业的阶段，还需要在挑战创业前弄清自己的思路和选择标准。这时候就需要借助他人的力量，参加创业培训班也是其中一种方式。

14　借鉴从侦察开始

为了让生意在最短的时间内拿到结果，请勿尝试从 0 开始创业。虽然"创意"一词常出现在做生意的过程中，但小本生意并不需要创意。从 0 开始打造生意就意味着再多的时间和金钱都不够，而且还没人知道你做的正不正确。

小本生意不需要打造一个让所有人都赞叹的生意，只需要把世界上已经出现的案例借鉴到自己的公司上并将其变成钱就可以了。

大家应该听说过"借鉴其他行业或同行的其他公司的优点"，借鉴就意味着侦察。例如餐饮业有一种很普遍做法，就是去生意好的餐厅吃饭，从这些餐厅获得菜品的灵感。看到这，你的反应可能"难道就这？"没错，就是这样，这就是侦察。

无论什么行业类型和业务类型都可以通过这种做法获得灵感，然后将这些灵感结合到自己的生意里。你要做的就是去自己所在商圈以外的、生意好的店铺借鉴，然后加上一些自己的想法。

揽客也是一个道理。如果一些商店招揽客户的手段非常厉害，就去侦察他们为什么能够吸引顾客，借鉴其中的关键因素。如果该商店通过发传单销售或招揽顾客，你就去借鉴他们的传单。在折叠传单里常看到的就是有效的传单，把这种传单的内容替换成和你正在经营的产品和服务相关的内容。

我可以向大家透露一个我们曾经用过的方法。我在制作和服收购传单时特意留了一个位置写上了我为什么要做和服收购。

很多人看过后产生了共鸣，于是就打电话来了。其实这个创意是从一家干洗店的传单中得到的。我只是将内容替换成了和服，并且稍微改动了一下句子间的连接，基本流程并没有进行修改。"自己以外的所有人都是老师"，当然应该向老师们学习、用活他们的方法呀。

15　他人的强项就是你的强项

他人的强项就是你的强项。我在后面会讲到，做生意都有一个绝对不能少的业务核心。大多数生意的业务核心就是揽客方法。

由于每个店铺和业务的类型都不同，所以在招揽顾客时需要向客户传达不同的重点。这通常被称为卖点（强项）。营销术语叫作"USP（独特的销售主张）"。

例如，有的荞麦面餐厅主要以车站为中心开店，这种店铺吸引顾客的核心就是地理位置，其次才是根据用户需求调整价格、口味、菜单、营业时间等因素，但说到底，位置才是吸引顾客最重要的核心，一切策略都应该围绕位置来制定。

其实要掌握一个好位置并不容易，不仅仅针对小本生意来说是这样。为什么呢，因为好位置在空出来前，其实背地里已经决定好了由谁经手，基本上都被资本实力雄厚的公司拿下了，一般人根本就无法与之抗衡。

所以我们必须考虑如何靠自己的力量吸引顾客，这时就需要"发现自己公司独特的卖点"。

比如推出低价、大分量、高质量的产品和服务，以及稀少性、手工制作、尺寸、数量等各种卖点来吸引顾客。如果选择入驻商业街的话，揽客肯定比独立经营的店铺要容易得多，但即使相对容易一些，仍需要找到自家的卖点吸引散客进店。

可惜的是，大多数商店和公司都没有找到自己的卖点席卷市场。

如果能找一个强大的卖点、让业务急速发展的话是非常厉害的。即使产品的卖点没有那么强大，但它仍然是一个不可忽略的元素，请大家一定要打造出属于自家产品和服务的卖点。

那应该如何打造卖点呢？同样，借鉴就好了。

16 借鉴他人卖点的三个方法

如果自己打造不出卖点，那就去借鉴他人的卖点。实际上，环顾四周你就会发现有很多人比你更早经历了这些烦恼，他们已经找到了属于自己产品的卖点。

你要做的就是将他们的卖点用到自己的公司上，仅此一步就可以大大提高你的成功速度。接下来告诉大家借鉴他人卖点的三种最佳方法。

◆ 借鉴他人卖点的第一种方法

扎根当地市场，调查各个时期受欢迎的商店和当前受欢迎的商店，了解它们主打什么卖点。先要落实到个数上。

接下来，调查你的同行大力宣传的卖点是什么。

将两种卖点都记下来，把相同的卖点进行抵消。这可以看成"卖点的配对游戏"，最后将落单的卖点列为你的备选卖点。也许就是因这个落单的卖点会给你带来巨大的成功。

◆ 借鉴他人卖点的第二种方法

找出有哪些店铺正在经营你的目标客户常用的产品以及服务。

在日常生活中，我的客户除了会到我的店铺购买和服，还会外出吃饭、乘车出行，他们的日常生活都和常人是一样的。

例如，有钱人会有属于他们的行为方式、会按照有钱人的思维进行消费。能够掌握这种思维的商店一定很受有钱人喜欢。你必须仔细观察他们受欢迎是因为什么因素，找到后将其融入到自己的店铺中。当然，这不仅是针对有钱人，即使你的目标客户是工厂工人、是销售人员，那方法也同样可行。

◆ 借鉴他人卖点的第三种方法

自己所在商圈以外肯定有一些很受欢迎的同行店铺或者相似的商店，请你直接套用他们的概念和经营方法，无论是什么。可能有人会对这种做法产生较大的心理压力、抵触情绪，但确实没有比这更简单、成功率更高的做法了。

既然其他人通过反复试错打造了这些卖点，并且成功地拿到了结果，那你肯定也会走一样的路，所以根本不可能不借鉴。

"得来速"也好，手机音乐播放器也好，世界上存在的大部分事物都是借鉴他人创意开发出来的产品。

和服回收业务也出现很长时间了，废弃自行车清理业务在某个地方肯定也有人做过。我以现存的生意为基础，通过混合生意的必须要素得到了巨大的成果。世界上的一切都是建立在他人的创造物之上，所以堂堂正正地去借鉴吧！

17　从同一客户群的其他行业收集信息的方法

永远不要忘记你的顾客也会在其他商店消费。因此，通过对目标客户相同的公司进行基准测试，就能大致了解你的目标客户群对什么感兴趣。

如果有大量客户涌向一个和你拥有目标客户群体的其他行业，那就需要你去调查这些行业大致的招揽客户的方法和销售策略。这家公司如何吸引客户，用了哪些话术，以什么为卖点，用了哪种销售方法。

如果发现了你所在的行业未使用过的措辞和卖点，仅此一项就将对你的业务产生非常积极的影响。我们的注意力不仅要放在公司经营的产品和服务上，还要去关注如何招揽客户让客户进行消费。如果你的目标客户是20岁以下的女性，就必须找到以该群体为目标客户的所有企业，从中找一家公司进行基准测试，但这种做法的测试范围非常广，做起来比较吃力。这时就需要用到"用户角色模型"。

"用户角色模型"就是将虚拟人物具体化，如同真实

存在的人物一般。会经常光顾你的店铺、享受你的服务的
到底是什么人？包括他们从事的工作、住所、出生地、年
龄和性别、名字、年收入、奖金、职位、家庭结构等。

如果根据"用户角色模型"在其他行业内进行搜索的
话，搜索的范围将瞬间变小。然后在缩小的范围里研究和
钱直接挂钩的要点，比如揽客、营销、战略等，对符合自
己感觉的公司进行基准测试。

不过即使做到这一步，还是很难彻底地完善"用户角
色模型"，所以我一般会多选择几家公司，对感觉不错的
方面进行基准测试，感觉不符合的话，就从基准测试中再
删掉。

对这些公司进行基准测试时，和揽客相关的要点尤其
重要。此外，这些公司使用了哪些媒介、用的什么话术也
非常重要。

18　当局者迷

读到这里，相信大家已经明白了将思考的焦点聚集在"人"身上、选择利润更大的生意比经营哪种商品和业务更加重要。

不过一定要注意，即便现在明白这个道理，一旦你开始做生意成为当事人，就很容易又回到过去的思维，会下意识从自己的角度判断产品或服务是否挣钱，这种事情很常见，大家千万不要忘记当局者迷。

接下来我做一个小结：

- 客户想要的是问题解决后的"未来"
- 所有的经济活动都是生意的素材
- 做生意就是代替客户做事
- 拥有十条判断生意是否能够成功的标准
- 付钱的是人，所以在思考生意时要把焦点放在

"人"上

- 拥有多个变现渠道会更好
- 要用两种模式来思考客户生命周期价值
- 卖点只需要借鉴

像我总结的那样，如果能够拥有选择产品、服务甚至做生意的标准，就不会因一些莫名其妙的生意，导致失败风险的增加。另一方面，如果选择生意的眼光太过苛刻，也会造成不知如何选择。

我讲过，客户不需要的产品和服务是卖不出去的，这样的产品无论再好也千万别卖。

但做生意如果没有产品和服务的话，怎么可能增加销售额呢？所以又该如何选择产品和服务呢？答案就是测试营销。

第三章　将失败风险降到最低的战略

01　测试营销的好处

通过了解和生意打造相关的要点，就能制定出一定的标准来决定应该选择什么生意。也许有的读者脑海中已经浮现出了一些想法。

但是，符合你自己标准的产品、服务和创意是否又是客户真正需要的呢？

在确定之前先不要忙着下定论。做生意的目的绝不是为了开一家店或拥有一家事务所，而是因为你经营的产品和服务能换成钱、产生利润，能够作为一门生意经营。

尽管做生意很难百分之百消除风险，但我们可以做到将风险程度控制到最低。明确业务可行性时必不可少的要素就是"测试营销"。明确业务框架必不可少的是"测试""侦察"和"信息收集"这三项要素。

许多人做生意拿不到结果往往是因为没有在事前对生意进行测试、没有确认业务可行性，全按照自己的想法来推进业务。如果把资源（自己公司的资源）投入到切实有效的方法上，那么拿到成果就如同探囊取物。

如果要列举测试营销带来的优点那就太多了……

- 让做生意不再是赌博，可以有根据地打造业务
- 明确不做的事情，让自己专注于必须要做的事情
- 节省大量金钱和时间
- 能让自己只专注于有效用的事务，拿到更多成果
- 可以测试多种创意
- 可以打造可再现性高、不依赖人力的经营诀窍
- 可以分配资源
- 可以提高成功的概率、降低失败的概率
- 能得到适用于所有业务类型的概念
- 能时常把握自己具体该做的事

事实上，做生意是"不尝试就永远不会明白"的，无论纸上谈兵多少次，都不可能知道结果如何。不过面对这种"不做就不会明白"的事情，也不能投入过多不必要的时间和金钱。如果小本生意不能拿到结果，不要说自动化运转了，很可能一瞬间就面临歇业的危机。

为了不把生意当成赌博，就需要尽可能消除所有的不确定因素。这时就需要小小地测试一番，将资源集中在有效果的地方。

如果测试后发现了很多解决不了的问题，或者很多无法控制的因素，那么就停止这个项目。如果无法做出判断，很可能是因为信息还不够多，这时就要尽可能地多收集原始信息。只要不断地重复这个过程，生意就粗具模型了。

02 能控制测试的人就能控制小本生意

在生意上，没有人知道正确答案是什么，但是唯一能肯定的是眼前正在发生的一定是正确的。所以为了引导出正确答案，就需要不断地进行测试。

测试的主要目的是"收集原始信息"。

· 收集了原始信息就能够做出判断

· 一旦做出判断开始行动，就可以得到客户的反馈，无论结果好坏

· 删除不好的结果，信息的准确度就会不断提高

· 掌握的信息精准度越高意味着成功的概率越大

没有信息就无法做出判断。因此，在开始做某件事时一定要不断地进行小测试，不断地收集、仔细审查、完善信息，判断自己的方向（思维或方法等）是"对"还是"错"，尽最大可能降低生意风险。

在拳击界有一句格言："能控制左边（刺拳）的人就能控制世界。"

套用拳击界的话讲，测试就是"刺拳"。刺拳是拳击中最基本、最重要的技术，同样测试对于小本生意来说也是非常重要的因素。

"能控制测试的人就能控制小本生意"。希望大家能够有这样的观念，并将其付诸行动。

03 理解"I－PDCA"测试

应该有很多人听过"PDCA 循环"。PDCA 循环是指不断重复计划、执行、检查和处理，可以简单理解为"最大程度提高追求的效果或结果"。"PDCA 循环"对于生意的打造非常重要。

在如今这个时代"PDCA 循环"这个词已经被大众所熟知，但在过去，我刚从歇业状态恢复的时候基本没有见过这种概念。由于我当时处在背水一战的状态，几乎没什么钱了，所以我自己总结了一套独创的"PDCA 循环"。

从歇业状态恢复的过程中，我懂得了一个道理：如果不能失败那就一定不要失败。不失败才是能抓住成功契机的真正秘诀，也许这是现在尚未公开的企业成功法则之一。

PDCA 中最重要的元素就是计划。如果计划出了错，那无论你重复执行多少次执行、检查和处理，都无法拿到结果。如果没有办法拿到结果，就无法让生意自动化，所以我们首先要巩固计划。

小本生意的测试并不是根据计划来进行执行、检查和处理，而是通过测试来判断计划是"对"还是"错"。

那么，该如何判断计划呢？

方法就是"I-PDCA 测试"。I 是印象的 I。在制订计划前肯定有一个模糊印象、概念或者假设。如果不对印象进行调整、打造出一定的轮廓的话，就无法做出计划。

总之我认为"与其花时间思考，不如执行，执行，执行"！我坚定地认为"没有实践就没有结论"。但如果莽撞做事也不可能拿到结果，所以就需要一边收集原始信息一边将脑海中模糊的印象清晰化。

04　测试阶段不需要完美的产品

实际测试的时候我是怎么做的呢？

在讨论这一点之前，请大家回忆一下，是否还记得第一章提到的做生意的大前提？

是的，做生意的大前提就是"解决客户的问题"。无论产品或服务多么出色，如果不符合客户需求的话千万别做。

换句话说，所谓的测试只有一个目的，即"验证想要经营的产品或服务是否符合客户的需求"。如果明确了这的确是客户想要的，就能最大限度地降低失败的风险。

做生意失败，其实是因为在不确定东西、事物是否卖得出去的情况下就花费了大量金钱和时间。小本生意一旦栽一个大跟头就需要耗费大量的精力挽回，生意本身也会陷入困境。测试就是为了避免发生这种情况。

按照这种思路，应该就能理解为什么在正式发行产品和服务前打造出完美的产品和服务是一件危险的事了。

这个说法可能稍微有点绕，我其实就是想说，在测试阶段即使没有一款实际的产品或服务也没什么关系。把I-PDCA测试里的I（印象）放在潜在客户身上，看看客户会有什么反应。

很多人做生意的时候，都希望准备好完美的产品和服务。他们会提前准备店铺、产品、设备、员工，OK，然后开业了。这是一种最普遍的规律。但我却认为，尚未确认产品或服务是否符合顾客需求就投入大量金钱和时间是一件非常可怕的事情。

05 从零开始创业请做实际测试

当你完全从零开始创业的时候，一定要收集客户的真实反应。在现实生活中进行测试的原因是，你可以面对面地观察客户的表情、了解客户的反应。客户的真实声音对于线上业务也同样重要。

开始做和服回收生意的时候，我做的第一件事就是制作和服回收的传单，然后贴出来。并且我会亲自接电话。

一旦有人联系我，我就会亲自上门收购和服，然后问客户："您是通过什么途径知道我们的？""您为什么要卖和服呢？""如果您不认识我们，会怎么处理和服呢？"我通过问这些问题来收集客户的原始声音，然后将这些原始的声音融入传单、业务中。明白了如何回收和服，接下来就要想办法将和服变成钱。由于测试阶段尚不清楚能不能把它做成生意，所以这时候是没有门店的。没有门店可以选择线上销售，但最后我还是选择了能与客户直接互动的超市展销。

我通过这种方式在现实生活中收集了很多原始信息，比如客户在寻找什么产品、对其他商店有什么不满、有什么需要解决的问题。

做生意一定要避免只靠直觉花大钱。所以需要直接倾听客户的意见来巩固方案。这时候不要忘记询问客户的联系方式。

如果知道了客户的电话号码就可以在后续联系客户。

这时我会告诉客户："下次做活动的话我会联系您哦！"
同时邀请客户写下地址、电话号码和姓名，作为交换，我
会赠送客户下次消费时可以使用的折扣券。

特别是在业务打造的测试阶段，要根据产品和服务的
特性，尽可能多地在现实生活中接触客户并收集信息，即
使做的生意是以互联网为主战场也同样如此。优惠活动是
一种不局限于网络、在大多情况下都能用到的营销手法，
尤其是配合网络营销效果非常好。

优惠活动简单来说就是"如果您 _____，我就
_____。"你可能常在街头、网络广告、邮购销售等处经
常见到这种优惠活动，"到店即送折扣券""买一送一""免
运费""赠送样品""免费续杯"等等。

简而言之，就是给对方好处，让对方做出我方想要的
行为。线上业务要使用现实手段，最简单的方法就是邀请
他们在优惠活动的申请表上登记电话号码。获得联系方式
后，可以直接致电，亲自收集他们的原始信息。这些原始
信息是打造生意时必需的素材。

这种方法，通常只要求客户填写最低限度的信息比如

电子邮件。

填写的信息越少，越能得到客户的反馈。我认为不需要收集多余的信息，但是如果是必要信息，即使客户的反馈略有不足也应该好好收集。

如果客户真的对你展示的产品和服务感兴趣，即使填写的项目比较多，客户还是会填写。我认为与其一味地增加注册用户的数量，不如去吸引优质的注册用户，这直接关系到业务的后期发展。

06　欢迎测试中出现的难题

总之测试就是要试、要缩小范围，这样可以真正在操作的过程中找出无法顺利推行的地方和问题。

我通过"控制，简化，风险"的过滤方式，对出现的问题进行仔细排查。如果问题中有无法消除的因素，我就会删掉这个板块或结束该项目。

之所以要时常做这种仔细的调查，是因为在这个环节里获得成果的方法就是业务开展的诀窍。

我在前面也提过，测试就是去试。不要指望在测试阶段什么都能成功。不可能做到事事成功，越是这样要求，做起来就越卡壳。

测试的目的是为了弄清什么事能顺利推进、什么事不能，为打造业务收集需要的信息。所以请相信我，如果出现了一些棘手的问题，这是一个非常好的信号。

我刚开始做饰品店的时候，购买了约 100 枚戒指。当我想将它们摆放在卖场的时候才发现，戒指的体积太小连陈列柜都装不满。并且戒指的尺寸有大有小，有一些戒指样式客户很喜欢，但因为没有合适的尺寸，所以无法购买。

但如果同一个样式要准备多个尺寸的话，库存就会不断增多。一旦商品滞销就会出现库存压力。现在再来看这件事，可能就只是当个笑话，但我居然在把店开起来后才明白这种常识性的事情。大家千万别像我一样糟糕，在不做任何测试的情况下就开始创业的话，可能真的连这些基础常识都不懂。

07 现场收集的信息所具有的价值

在前面我提到过，在测试阶段去收集客户真实的想法非常重要。同时，现场收集到的信息对于打造项目的PLAN（计划）而言具有很重要的巩固作用。

我将其称为"高质量信息"。收集高质量的信息可以让我们做出高质量的判断，得到好的结果。

• 高质量信息就是"原始的一手信息"
• 原始的一手信息可以从现场或真实生活中收集
• 无论其是否有结果，原始的一手信息本身就非常有价值

举个比较笼统的例子，假如"我尝试了销售方法A，但没有实现预期的效果"。"方法A不行"这个结论本身就为下一次测试提供了很大的提示。

针对这个结果，需要仔细检查为什么失败，难道是最

初的假设不正确？然后将总结后的内容充分运用到下一次的测试里。

现在利用互联网能搜索出现各种各样的信息。网上搜索很方便，运用得好也能带来很多好处，不过在互联网上就能获取的信息意味着除你之外的其他任何人都能获取相同的信息。

由于互联网的信息都是他人撰写的二手信息甚至是三手信息，没有明确的出处，所以也存在许多噪音（谎言）。要区分这些噪音的话就需要用到最原始的信息。

如果某个信息让你难以做出判断的话，就意味着还需要收集更多的原始信息。总之，通过反复测试、不断收集积累的信息会变成血和肉，提高信息的质量，并帮助你做出更正确的决定，直接增加成功的概率。

为此，大家一定要重视 I-PDCA 测试，一旦有了初步印象和假设就付诸行动，尽可能多地收集第一手信息。

08 从为你买单的人手里获取第一手信息

从想要的信息附近收集到的就是原始的第一手信息。如果目标明确，也可以利用互联网来收集，但在对信息的真实性进行一定程度的审核以前，还是要尽量直接面对客户或在现实生活中收集信息。

"信息的周围"并不是指你身边的人，而是指为你的产品或服务买单的人以及与他们相关的人。

• 为你的产品服务买单的人（顾客）

• 和你经营相同产品或服务的人（同行业其他公司的店员）

• 同行业的其他公司和竞争对手的店（收集与产品阵容、揽客媒介相关的信息）

• 相同客户群体的其他行业（潜在客户的兴趣喜好）

收集原始信息的最佳方法就是直接询问付钱的客

户："为什么您要从我这里买东西呢？""您买它做什么呢？""您是如何知道这个产品的呢？"

即使卖家非常了解产品和服务相关的知识，但由于大多数时候卖家并不懂客户，所以对卖家而言，越了解客户就越容易赚钱。可能卖家根本没想过客户购买产品后的用途是什么，又或者客户对这些服务还有哪些别的想法。

我曾经对和服一无所知，也是在询问了客户购买旧和服的用途后，才最终决定用称重的方式售卖和服。有一些客户会购买带花纹的和服，交谈后才知道买这些衣服是为了制作"一闲张（和纸漆器）"。了解客户的需求就等于发现新的市场需求。一旦发现了新的需求，就可以试着在其他客户身上进行测试，测试的时候就不要再询问客户的期望了。

如果在测试的阶段询问客户的期望，会导致客户反馈里掺杂不需要的信息，导致判断出现混乱。从客户那收集原始信息的关键就是确认事实而非确认期望。

第四章　为了成功揽客，哪些内容必不可少

01　揽客最容易实现自动化

要让小本生意走向成功，揽客和销售绝对是其中不可或缺的因素。揽客做得好，会让销售变得非常容易。而且揽客是最容易实现自动化的一环。

所谓揽客就是"如何接触潜在客户并让他们来到你的身边"，所以在考虑生意的时候，我最重视的是：潜在客户在哪里？如何接触潜在客户？如何让潜在客户接受我的产品或服务？

如果在测试阶段"招揽不到客户，产品卖不出去"，就可以判断这个产品是没有市场的（没有需求），无论如何都要终止这个项目。

揽客和销售需要按照一套连贯的流程思考、打造，不过在揽客的时候一定只把精力放在揽客上。实施揽客策略的时候不要光想着"赚钱"。揽客的目的是为了弄清楚客户是否对你卖的产品或服务感兴趣、把对产品感兴趣的客户集中起来。

许多做生意没有结果的人，往往就是把揽客和销售混淆了，揽客的目的本来是吸引顾客，却只顾着宣传自己和产品，或者提前向客户亮出了价格表，又或者是只想着提高自己公司的认知度，导致在不知不觉中偏离了揽客的初衷，向客户传达了错误的信息。

揽客意味着向客户传递信息。向对产品、服务感兴趣的人发送正确的信息并让其行动起来。所以必须认真思考需要利用哪些手段（现实或者网络的媒介）接触客户。

如今这个时代，只需要利用互联网就能简单地传递信息。因此，为了防止自己发出的信息被淹没在信息的海洋里，必须时刻提醒自己要根据本来的目的传递正确的信息。

如果能向客户传递正确的信息，销售就会变得轻松，所以一定要努力向你的目标客户传递正确的信息。

如果没有像预想的那样得到目标客户的反馈，也许是因为他们不需要你的产品或服务，但可能还有别的原因，可能是因为选错了目标用户、选错了宣传媒介、选错了市场或者是宣传方式本身就有问题。如果只是因为没有得到客户的反馈就要放弃的话，是很可惜的。

如果客户没有反应，你可以通过改变宣传方式、目标客户、媒介等因素不断地重复测试。如果把方案全部推翻重来，就不可能知道客户没有反馈的原因是什么。所以，在不确定客户为什么没反应的时候，可以选择一点点地调整方案。

02　从推、拉两种角度思考

揽客可以从推和拉两个角度去思考。

"推"意味着"等待"，什么意思呢？如果经营的实体店，"推"就意味着在店内等着客户光临，如果是经营

网店，"推"就意味着客户主动在网络搜索关键词进入了
我们的网站，这样理解会简单点。

"拉"意味着"主动去接触客户"。这是卖家主动接
触客户的手法，卖家通过传单，DM（直接邮件）和邮箱
订阅杂志和潜在客户取得联系。

"推"和"拉"两种方法并不存在好坏之分，战略
性地运用这两种方法可以进一步提高我们的揽客效果。

比如可以打造这样一套流程：利用发传单（拉）诱导
客户浏览我们的网站（推）。不仅可以通过这种方式向客
户展示更多内容，还可以在过程中引导客户在网站填写本
人的 LINE 账户或订阅我们的邮件杂志（推），之后再由
我方主动地向客户提供信息（拉）。

大家应该经常看到餐厅让主动光顾的客户（推）添加
餐厅的 LINE 账号（推），每到午餐饭点就通过 LINE 为
他们提供午餐指导（拉）。

很多的大型连锁餐厅为了吸引顾客，都会在用餐需求
增加的时机点（比如午休时间或下班回家的时间）主动地

向客户发送信息，这就是身边最常见的例子。

互联网具有一种很强的"推"的属性，即他人通过检索就能发现某人的信息。因此我们可以利用网站、博客、Twitter、Instagram、Facebook、YouTube 等多种渠道来传播信息，复合性地增加曝光度。

不过，所有人都在使用互联网的商业策略，不仅是企业，还包括做兼职的个人。所以一定要理解一个很现实的问题：即使拼命地更新博客、Instagram，也很难被客户发现。

可能有的人为了打破这个问题、增加自己的曝光度，会选择广告策略，但广告模式里"能花钱"的人才具有压倒性的优势。

互联网有许多优点，比如容易传递信息、能即时了解客户反馈，但另一方面，如果不认真钻研方法，发出的信息很可能被淹没在其他繁杂的信息里。还有一点不可否认：越是钻研互联网，耗费的金钱和时间就越多。

但话又说回来，如果不钻研、不在揽客上采取任何措施，肯定被信息淹没得更厉害，生意更是做不下去。

所以，为了避免这种情况，就需要理解刚才讲的背景、思考并推出有效的措施。推拉式策略作为基础，要理解其性质，思考如何把它糅合到措施当中。

各位难得有时间阅读本书，如果能在阅读本章的过程中，时刻联想到推拉策略间的关系，应该能有不同的发现。

03 网络和现实之间不需要壁垒

有人认为让擅长做线上生意的人使用传单等纸质媒介是毫无意义的，也有人认为做线下业务的人就算用了互联网工具对揽客也不会有多大的作用。

这两种意见我都能理解，但我认为，在网络和现实之间建立壁垒的行为本身没有任何意义。

为什么这么说呢，按照"推""拉"的思维来思考揽客的话，不管是线上还是线下，只要所处的环境容易取得胜利、有效果就行。

所以我既会利用纸质传单和电话销售，也会发布网络广告和信息。这些并不是的浅显的线上或线下手段，而是利用"推""拉"的概念设计出的方法。

接下来的案例大多关于实体生意，所以对于以互联网为主打造生意的人来说，可能会出现一些比较难想象的场景。如果在阅读的过程中出现这种情况，可以将案例的手法替换为平时常用的揽客工具和媒介。

揽客是做生意的过程中绝不能忽视的要素，但除了揽客过程中使用的工具媒介，我更希望大家去体会这些揽客方案的想法和概念。只有这样才能将我真正想表达的思想传递给大家。思考揽客方案的想法和概念，会让视野变得更开阔、从而改变看法、以致对生意产生正面影响。

打造小本生意意味着它能直接反映你的所有想法。因此，要时常提高自己的思考能力。

虽然有点喋喋不休，但我还是希望大家用心感受揽客方案背后的想法和背景，不要只用网络和现实来区分这些揽客方案。

04 根据客户所属的阶段设计揽客方案

"揽客"，究竟招揽的是新客户呢？还是回头客？又或者曾经是客户但现在没有光顾的休眠客户？根据不同的客户，揽客方案推出的内容和手法都需要进行调整。

如果已经开了店铺或已经开始销售产品，首先要尝试吸引回头客，但如果刚开始营业，手上的顾客很少，就必须去吸引新顾客。

随着时间的流逝，可能会出现某种原因导致曾经购买过产品的顾客停止购买。必需想办法去接近这种客户，但挖掘休眠客户并不是最优先要做的事项。

业务启动初期→招揽新客户

业务正在发展→接触回头客

业务发展已经有一段时间→接触休眠客户

如果按照这种方式将揽客进行拆分，能直观地看到"收集新客户""培养新客户为回头客""尽可能地不让客户成为休眠客户"的流程可以稳定业务。

做生意要提高收益，"揽客""重复消费"和"充足的利润"都必不可少。说实话，如果能把这几点做扎实，即使不在网上发布信息也能让生意好好运营下去。

要让生意步入正轨、把你从工作现场解放出来，那么揽客和重复消费的流程就必须进行系统化。接下来我们来看看，如何实际地运用这三个措施。

05 招揽新客户

◆ 揽客的秘诀在于暴露潜在客户

如果能够打造一套流程把需要产品、服务的客户吸引到身边，即使没有特殊的销售技能也可以顺利开展业务。

说得极端一点，业务自动化的秘诀就在于打造揽客自动化和重复消费自动化。对于大部分小本生意来讲，大部分问题都可以通过增加客户量、提高营业额来解决。

为了把生意做出成果，吸引潜在客户至关重要。为此，必须毫不懈怠地做好每一件该做的事情。假如什么都不做，每天念叨"今天会不会有客户来"是不可能有客户出现的。

如果在揽客的过程中能正确地向客户传递有效的消息，立马就可以让生意变得轻松，也会大大提高生意步入正轨的可能性。

不过，揽客的最大问题是不知道目标客户在哪里。换句话就是不知道那些需要自己公司的服务、产品的人在哪里。所以，首先要做的是发送适当的信息来暴露潜在客户。

归根结底，揽客的秘诀就是让客户暴露后再接近他们。

大家肯定听说过明确目标的重要性。这一点的确很重要。但现实是知道目标是什么，却不知道目标在哪里。

所以，一定要利用各种方法找到可能成为客户的人

（潜在客户），包括：互联网、传单、小广告、迷你杂志、报纸、广告牌、广播、电视等。把目光所及的所有东西当作媒介，通过各种手段接触潜在客户，把真正的客户暴露出来。

当然，根据产品不同，对商圈的理解、做法、使用的媒介都会发生改变。但无论如何，只要能暴露目标客户，生意就有了优势。

◆ 揽客就是寻找"客户群"

我认为揽客首先要找"客户群"。"客户群"是指目标客户聚集的场所、平时浏览的媒介或者他们所属的组织等等。如果能直接把信息发送到目标客户集中的地方，那么在设计揽客方案的时候就能少花精力和成本，一下子就轻松了。

可能有一些暴露得非常明显的客户群，已经有很多同行在接触了，这时候可以换个思路，如果该服务在业内的主要服务对象是法人，你可以另辟蹊径为个人提供服务，也许就会找到一个完全没有被开发过的市场。这样的情况也不少见，所以首先要有寻找客户群的意识。

可以从各种角度来分析"客户群"。包括职业、收入、职务、兴趣、地域、单身、已婚、性别、年龄、社会信用、生活方式等。从中得到一个具体的群体，挑一个轴心进行分析。

例如，社会信用度意味着通过贷款审查的难易程度，社会信用度高的人在哪里呢。大企业的职员和公务员的社会信度就非常高，所以他们基本都有高消费的倾向，接下来就可以对这些人进行深度挖掘。

提到公务员就会联想到学校的老师、警察、消防员、政府机关职员等，下一步就要思考这些人平时聚集在哪里，如何接触他们。

我讲的虽然比较简略，但还是有很多人没有瞄准"客户群"的强烈意识。一旦明确了"客户群"就可以集中向这个"群"发送信息，这种发送的效果也会很惊人。

此外，互联网上还有各种各样的社区。目标群体也会加入一些相关的网络社区。网络社区就是很好理解的"客户群"，如果找到了这些目标群体，不妨试着加入相关的社区。但有一点需要注意，在没有盈利的时候或生意刚开始的时候，你很可能会冲动地向这些人推销产品。

从个人来讲，刚加入社区就马上去推销产品的话，基本上都得不到好的反馈，而且还会影响你的信誉，也可能出现违反社区道德的行为。所以，我建议大家不要强行推销。

虽然也有一些可以推销的社区，但这种做法会让其他人不愿意和你交往，认为你只把人当钱。

由于我认为和人见面、交往是一件麻烦事，所以我基本上不会加入社区，即使加入了某个团体，也不会去拼命推销。

相反，我会认真倾听社区的人们有什么烦恼，从什么媒介获取信息，如何解决问题。

揽客的起点是"让对方产生兴趣"，所以如果加入了某个社区，首先应该要做的是收集他们真实的声音，以这些真实的声音为基础，制作能够让目标客户产生兴趣的信息，而不是靠自己拼命地推销。

刚加入社区就搞推销的话，也许在刚开始能做出一点业绩，但不可能将其打造成一个稳定的生意。比起以自己为中心，不如好好地倾听社区伙伴的心声，从交流中得到下一步的计划的启发，这个意义远远高出直接推销好几倍。

一手消息可以制作出更恰当的信息，利用这些信息能够暴露潜在客户，让揽客毫无压力，还能在销售上发挥极大的作用、拿到成果。我坚信这一点，并且也拿到了成果。

我为什么如此重视客户的暴露呢，因为我不仅做过"B to B"业务，还做过许多"B to C"业务。

特别是和服回收生意，我曾经完全不知道顾客在哪儿。从一无所知到将其打造成当地第一的和服回收店，我做了非常深入的思考。这些经验的力量对任何生意都具有指导作用，并可以让你拿到结果，并不只局限于线上或者线下的某个方面。

06　用恰当的信息让客户回头

为了暴露潜在客户并成功揽客，首先要向对商品和服务有需求的人传递恰当的信息。

恰当的信息能让客户知道"你懂我"。因此需要了解客户的所有不满和焦虑，我认为在测试阶段能够一定程度掌握这些内容。如果没有掌握，那请再做一次测试，收集潜在客户真实的声音。

最简单直接的就是告诉客户"你是能为他们解决哪些烦恼"？

比如卖榻榻米的商家，业务就是"更换榻榻米的蔺草席或者更换榻榻米地板"，但如果你只单纯地告诉客户"我能更换榻榻米的蔺草席，很便宜，我做了五十年了，我会努力的"！我相信这种信息的力量是极其微弱的。

但如果换种说法，"是否榻榻米的毛边经常粘在衣服上，让人感到非常苦恼"？我相信这条信息的力量会更加强烈。

在此基础上，向客户提出解决方案。同时在信息旁附上榻榻米磨破出现毛边后让人很苦恼的照片，或者毛边引起的不利影响、前文提过的"卖点（你的强项）"或者优惠活动。要让客户明白：这么便宜就能更换榻榻米呀，而且你都专注这个领域五十年了还一直在努力经营，让你服务肯定放心、可靠。

这种方式来制作和发布恰当的信息，能暴露潜在的客户、对销售产生有利影响。

当然，一个商品能解决的问题不止一个。榻榻米还有净化空气、保持湿度的功能，所以，还可以发布和这些问题相关的信息，制作另外的介绍吸引其他顾客。

比如向客户发布这样的信息也不错——"你是否晚上咳得厉害睡不着觉？这也许是地板上的灰尘造成的"。

接着告诉客户，为什么木地板上会积灰尘，灰尘会带来什么危害。要怎么解决这个问题呢？方法有很多，但安装榻榻米是最好的，为什么呢……

要让晚上咳嗽睡不着觉的人认为"这个广告很懂我"的话，这种信息成功的概率肯定比单纯告诉客户"榻榻米能让空气清新"的概率高得多吧。当然，我只是举个例子，其实我也不太确定咳嗽和榻榻米的关系。

另外，做空气净化器生意的人也会发布和灰尘相关的信息。我在前文提过"借鉴卖点"，如果其他的产品拥有同样效果或功效，只需要将该产品替换成榻榻米。

如果要把恰当的信息落实到媒介上，肯定会涉及写作的技巧和传单的制作方法，但首先必须弄明白商品和服务能解决什么样的问题。在把握这一点的基础上，再去理解客户的不安和焦虑，以及你能解决的要素之间的交集，这对于制作合适的信息来讲很重要。

制作恰当信息的意识对于打造生意自动化来讲十分重要。后文会讲到，在话术、营业和销售等方面，恰当、有效果的信息在不依赖个人能力的情况下就能拿到结果。

大家还可以阅读与写作方法和传单的制作相关的书籍。

07 揽客媒介的使用方法和思考方法

◆ 经营的商品和服务不同，传单的制作方法也不同

如果制作好了合适的信息，要先进行反复测试，确认该信息是否能得到客户的反馈。刚开始就想制作出完美的信息，只会花费大量的时间，所以在测试中观察效果。

了解了测试结果以及客户的反应后就可以开始下一步骤，这个阶段会涉及线下生意的广告战略。根据经营的商品和服务不同，接触客户的方法和商圈都会发生改变。比如经营日用杂货店，这种店铺随处可见，所以首先必须考虑的商圈就是店铺周围。

一般来说，只要附近有商店，人们就不可能为了购买洗涤剂花1个小时的时间去其他店铺，所以，确保店铺半径1公里内的客户就显得非常重要。如果是东京这种人口密集的地方，商圈还会更小。

人们更倾向于在住所附近的商店购买大众化、容易重

复消费的商品，所以要确保客户会选择自己的店铺、确保客户量。

与此大众化、容易重复消费的商品相对的是冰箱、电视等耐用消费品，面对这些商品，客户既不会频繁购买也不会频繁更换。我曾经的和服回收生意也是一个性质。如果经营的是购买频率低、不易重复消费的商品，就需要扩大商业圈。

大众化商品需要缩小广告的范围，同时增加广告的数量。而和服这类需求低、潜在客户不明显的产品、服务，以及耐用消费品这种不会频繁发生更替的产品需要扩大广告范围、减少广告投放频率。

举例，如果每月广告预算为 10 万日元，前者则可以进行 5 次 2 万日元以内的广告，后者则可以每月进行 1 次 10 万日元以内的广告。此类策略非常实用并且容易得到客户的响应。

广告媒介包括免费报纸和本地出版的社区报纸，比起单一使用广告媒体，不如利用跨媒体策略，将广告媒体与插入式传单相结合，发挥更大的效用。

当然，如果让客户从纸质媒介转移到网站，或者把产品通稿的发布时间点与打广的时间点相结合，也许能够获得更高的协同效果。

请大家一定按照这个方式理解，为什么经营的产品和服务不同，经营的商圈和打广告的方式会不同。如果揽客过程中忽视了这个战略，纯粹是浪费经费并且还无法制定出有效的策略。

08 灵活利用他人的资产是生意成功的关键

做生意能取得成功的最重要的因素之一是"灵活利用他人的资产"。做小本生意必须要彻底地理解并运用这个概念。

我讲过，在刚做回收和服生意的时候，我一边做展销活动一边反复进行测试，后来我在当地一家排名第一并且拥有 30 多家店铺的超市做了回收和服的移动贩卖。

为什么要用这样的销售方法呢？因为当时商圈大、人口密集度低。

就这一家店铺，即使大范围发传单，也很难让远方的客户到店。虽然靠细化商圈能解决这些问题，但我前面也讲了和服这种需求低、潜在客户不明显的商品应该扩大商圈范围，而不能选择细化商圈。

我大致总结一下当时业务发展的瓶颈：

• 商品的特性属于回收和服与旧布料（用旧和服布料制作手工），比较难暴露潜在客户
• 产品购买频率不高，需要扩大商业圈，但通过扩张店铺数量来扩大商圈的做法风险很高
• 就算大范围发传单吸引了顾客，但距离太远，还是很难让顾客到店

我认真思考后，选择了主动跳进客户的活动范围。我们去人多的地方（拉）寻找对我们的服务感兴趣的人（推），以此来提高销售额，通过让客户注册会员（推），定期和

他们进行交流（拉）。

虽然要用一部分销售额支付场地租赁的费用，但考虑到开分店、招员工、揽客、促销、库存、时间、管理等成本和精力，这种方式简直可以说是毫无风险。

我只举了移动贩卖的例子，其实"利用别人的资产"适用于所有生意。

如果你能给对方的好处越多，就越容易得到对方的许可，使用对方的资产。有时候好处可以直接理解为钱，不过我认为只要能帮对方弥补不足、让对方高兴，无论什么形式的好处都行。

比如废弃自行车清理业务的有些合作伙伴没有运输自行车的卡车，也没有存放自行车的地方，但他们还是拿到了高额的收入。

由于打造项目的时候希望尽可能不花费成本，所以也不想在保管自行车的场地和搬运自行车的卡车上花费多余的钱。自行车的出口商却希望尽可能多的收集自行车。

所以在思考双方有什么资产的时候，我们发现自行车出口商有卡车有保管场地，但却没有收集自行车的能力。合作伙伴有收集自行车的能力，但却没有卡车和保管场地。

于是我们打造了这种模式：自行车出口商免费借卡车给我们回收自行车，然后我们将回收后的自行车存放在对方的场地。并由对方承担油费。

出口商只需要提供卡车和保管场地就能收集自行车换钱，而我们的合作伙伴则不用花钱就能回收自行车将其变现。

从普通常识来讲，本应该由自己公司购置生意需要的所有东西，但是在公司全部采购好之前可以思考一下，能否让拥有这些物品的他人加入？能否利用他人的条件？这是把风险降到最低、让利益最大化所必须具备的思考方式。

大家可以从身边的事物着手，比如委托其他公司销售本公司的商品、把本公司的传单放在其他店内、让其他人帮忙在网上宣传介绍自己公司的商品和服务等等。

09　招揽回头客

◆ 了解名单营销法

名单营销法的回头客指曾经购买过你的产品或服务的人。毫不夸张地说，生意能否持续走在正轨上其实取决于能否维持客户的重复消费率。

名单营销法作为王牌战略手法，通过设计顾客名单（注册会员），高频率地向客户发送信息，再通过增加和客户接触的频率来促进客户再次购买。

应该有很多人曾经收到过明信片、邮件杂志等形式的促销指南。这些都是通过再次联系已有顾客带动新商品和新服务的销售量的手法。名单营销法不仅能促进重复消费，还能在吸引潜在顾客购买商品的过程中发挥效果。

由于是给接触过的客户发广告，所以只需要集中精力关注"如何能让他们再次到店或者再次购买"，并向他们发送恰当的信息。

推拉式营销法其实提到过，设计顾客名单意味着积极主动地接触客户（拉）。另外，从揽客成本来考虑的话，招揽回头客比招揽新顾客的成本更低，所以收益也就会更高。

在互联网普及之前，只能花钱制作明信片、邮件，利用真实的宣传媒介。但是现在只需要让客户订阅电子邮件杂志和添加LINE好友就可以简单地发送信息，低成本地提高接触客户的频率。

只需要在电子邮件杂志和LINE等互联网工具内设置好自动回复等功能（可以自动发送事先设定好的多个邮件的系统），就可以自动化发送部分消息，非常的方便。

10　想想怎么做才能让客户开心

让客户注册会员的方法里，最厉害的就是前一章提到的促销活动。例如"注册会员赠免费券"等，向客户提供他们想要的东西和服务。

　　要吸引还未与你产生任何交集的潜在客户，就需要在活动方案中展示与经营的商品和服务相关的内容。目的是吸引对你经营的商品感兴趣的人。

　　与此相对，如果是要求已经购买过产品的客户注册会员，那么就算做活动的产品与经营的商品没有任何关联也可以。因为客户已经来店里购买过产品了，这些人很大程度上是对商品和服务感兴趣的。如果你明确了这一点，那下个目标就是"让客户成为真正的会员"。这时向客户提供一些对他们更有吸引力的产品可能比提供自己的产品更有效，更能提高客户成为会员的概率。

　　我在和服回收生意上尝试了各种各样会员注册和会员专享活动。送过自家店铺可以使用的折扣券等等，但反响最好的还是赠送当地超市可以使用的商品券。

　　自家店铺的折扣券只能仅限本店使用。说到底，如果不是客户想要的东西，送的折扣券不过就是一张纸，如果对方不是骨灰级客户可能折扣券真的没有什么价值。但超市的商品券就不同了，能得到一致好评是因为它本身就有代金券的价值。

可能把这比喻成"放饵钓鱼"不太好，但只要对方能成为客户，无论是用物品"钓"还是用其他什么"钓"，只要能达到目的就行。大家一定要向客户展示最有效的促销活动。

为了促进客户的重复消费率，"打折"也是最好用的方法。我在做和服回收生意的时候虽然没怎么打过折，但是每年都会举办一次折扣活动。

我认为仅是产品价格打折的话没什么意思，所以我会给折扣期间到店的客户送洗衣粉或者搞抽奖活动。客户中家庭主妇较多，所以抽奖活动的一等奖类似于"5公斤大米"，让客户在打折之外能享受其他乐趣。

如果真抽奖中大米，可能有的客户会很高兴，有的会觉得带回家太重了，但不管哪一种都会成为大家讨论的话题，活动气氛也会变得热闹。

这时候我会和大家合影留念，用照片的形式把实际的用户体验保存下来，这样，新客户注册会员的时候就会有直观感受，"如果成为会员就可以参加这样的活动，看起来很有意思哦！"就会有更多客户成为会员。

11　会员卡的目的和使用方法

　　客户注册为会员后，我会发给客户一张会员卡。大多会员卡的背面都有盖章的地方。最普遍的做法是根据客户的购买金额盖章，但我们不一样，就算客户没有购买任何东西，只要在移动贩卖的场地或者在店内见到客户，我们都会在会员卡上盖章并记下日期。

　　记下日期是为了下次看到客户会员卡记录的瞬间掌握他们上一次的到店时间。一旦知道客户上次的到店日期，就能和客户打开话匣子。如果客户上次到店的时间太过久远还可以询问客户其中的原因。

　　我们会使用表格管理软件 Excel 创建每个客户的个人档案，记录下掌握的信息。记录的内容非常简单，比如来店日期，消费的产品，消费的金额，聊天内容等。

　　通常我不会去翻阅记录，但如果做活动要给客户发送活动指南的明信片，我就会仔细阅读客户的个人档案，提前掌握客户的情况，这样和客户见面的时候就能够留下良好的印象。

数字化管理客户资料是很重要的，但如果要和客户保持交流，那么在注册会员时采用非数码的方式可能会更好。大家需要根据客户的类别、经营的产品来决定使用哪种方式管理客户资料。

为什么只要客户到店我就盖章，没有按照客户的消费金额呢？其实有两个原因：

另一个是因为我们使用了移动贩卖战略。移动贩卖的主要场所在超市，客户即使不需要我们的产品也会去超市购物。

如果在超市见到客户，就告诉他们"可以在会员卡后面盖章哦"，其实可以巩固与客户之间的关系。如果偶然碰见都可以盖章的话，会让客户产生"赚了"的感觉，如果恰好累积了足够多的印章能够兑换礼品，那客户的印象就更好了。

第二个是因为客户与客户之间的消费金额差异很大。和服买家与和服面料买家消费的金额是不一样的，如果要根据消费金额盖章的话，那应该按照 500 日元还是按照 1000 日元盖章呢。由于消费金额的区间设定比较困难，所以我采用了到店即盖章的模式。

根据消费金额盖章的目的是为了锁定消费能力强的优质顾客，根据到店次数盖章旨在提高重复消费频率，所以大家可以根据自己侧重的方面选择其中一种方式，或者两种方法兼用。

顺便提一句，我们店铺的会员卡背面有 20 个盖章栏，集齐 5 个戳，就会有"小礼品"相送，不过前 4 个戳我已经提前盖好了。

客户下次到店就可以盖第 5 个戳，刚好能领取"小礼品"。如果在会员注册的时候告诉客户这个惊喜，并且会在注册后送客户一份活动指南的明信片的话，可以进一步提高客户的重复消费率。让客户从 0 收集 5 个戳是非常困难的，但如果提前给客户盖好 4 个戳，客户会很高兴，觉得自己赚到了。大家可以采纳这个让客户开心的小技巧。

12 将会员注册自动化

◆ 通过与员工共享认知来提高注册数量

我时常思考如何把自己从生意中解放出来。要得到解放，首先要做到不出现在公司的现场，那么会员注册的流程就需要交给员工完成。

小本生意自动化有一个必需的要素：保证结果不因人的能力不同而发生改变。所以不管是我还是员工，不管是昨天才开始上班的新员工还是工作很久的老员工，都必须做出同样的效果。

"这个人来接待就可以让客户注册会员，但是换个人接待，客户就不注册了"，在会员注册的环节，千万不能出现这种情况。所以我们需要让员工知道会员注册的重要性，与他们"共享认知"，教他们"话术"引导客户注册会员。

可能热衷于学习的老板早就知道名单营销法了。但是要知道，员工们完全没有列客户名单的意识，并且也完全不知道列客户名单的重要性。

所以，首先要正式告诉员工注册会员的重要性。不能只是口头上提一两次，要在柜台（收银台）周围贴上邀请客户注册会员时的话术，一遍又一遍地重复。总之一定要让员工意识到注册会员的重要性。

我会在营业额报告书和日报的最上面留下位置用于记录客户来店数量和会员登录数量，和员工打电话的时候会先跟他们确认当天客户的到店量、会员注册量、新客户数量和现有的客户总数量，确认过后才进入正题。

即使员工不情愿，这样也能让他们认识到会员注册的重要性。如果不能和员工共享这一认知，再好的话术都完全没有用武之地，还会出现员工擅自修改话术的情况。所以一定要彻底与员工共享认知。我是如何与员工共享认知的呢？我会告诉员工，客户成为会员会有什么样的好处，不告诉客户这些好处是不对的，告诉客户的话他们会很开心。

正是因为这种做法，在活动现场直观感受过会员们有多么快乐的员工才更容易拥有这种认知，才会认为制作客户名单是一件"对所有人都好的事"。

这样一来，员工才不会认为"自己是在求客户注册会员"，而是认为"会员注册是理所当然的事情""不注册会员是客户巨大的损失"。

人总有三种担忧，即"不想被骗、不想失败、不想损失"。

如果我们作为信息发送的一方却心怀愧疚的话，根本不可能向客户表达出真情实感，也不可能被客户接纳。所以我们一定要向客户传递正确的信息。

让员工认识到"注册会员是理所当然的"，这对于传达正确的信息、最大限度地发挥话术效果都很重要。

13　让客户瞬间听你讲话的诀窍：铺垫词

简单地先大家展示一下我在店门前引导客户注册会员

的流程。首先我会问客户"有会员卡吗"。如果客户回答"还没有"，我就会很惊讶地说"诶？怎么会没有呢？"这时候对方也会同样惊讶"诶？"

如果这时候能抓住时机告诉客户"成为会员会有好事发生，先注册会员更好"，客户会有相当的概率注册成为会员。

无论是会员注册还是陌生拜访，瞬间抓住客户注意力的话术秘诀就是遵循"吸引对方的耳朵→传达好处→确认对方的反应"的流程，这个方法的效果非常好。

在必须瞬间吸引对方注意力的时候，我很重视能抓住对方耳朵的铺垫词。一旦客户回答"还没有（成为会员）"时，我的"诶？"就是开始对话的铺垫词。

对于客户来说，我的"诶？"是他们完全没有预料到的，他们会想"这个人接下来会说什么呢"，客户出于这样的心理会认真倾听我们说的话。

销售也是一样的，为什么普通人认为销售很难？因为在顾客没有认真听的时候，他们还在一个劲地讲解和推销。

如果客户的耳朵没有集中注意力，不管怎么推销，大概率都会被拒绝。

我把这种状态叫作"杯子朝下的状态"。如果杯子的杯口朝下，再多的水也灌不进去。信息也是一样，对方如果没有认真听，你说得再多，对方也听不到。

我们跟客户说的"好事情"是指活动中开心的事情或者一些让人兴奋的事情。由于员工还不习惯被拒绝，一旦被持续拒绝，无论是什么好事，员工也会对宣传产生抵触心理，马虎地应付，即使是真的对客户有好处的事情。

所以为了把客户的"杯口"朝上，让客户认真听我们讲话，就需要打造能瞬间让客户听话的铺垫词。

此外，不要去"请求客户成为会员"，而是告诉客户事实"让客户自己选择是否要成为会员"，我们要用这种姿态来判断客户是否真的感兴趣。

一定要告诉员工，让客户注册会员时候要摆正姿态，不需要推销，只需要把真实的信息传递给客户就好。

14 挖掘"休眠客户"

◆ 接近"休眠客户"最有效的方法

打造好招揽新客户和回头客的流程，就意味着生意有了一个好的开端。随着时间的流逝，有的客户会离开你的身边。我把这样的客户叫作"休眠客户"。

人都不喜欢单调的东西，所以客户也一定是"花心"的。大家要提前做好心理准备，无论你经营什么样的商品和服务，只要客户觉得别的店比你的店更好，可能就会变成那家店的常客。

听起来可能很伤感，但这就是事实。不过大家不要误会，客户去别的店绝对不是因为讨厌你的店。你要相信客户可能再次回到你身边，所以要多接触他们。那么，多久没光顾的客户就可以称为"休眠客户"呢？根据商家经营的商品、服务、行业形态不同，判断方式也不同，大家最好根据自己的业务情况制定判断标准。

我在做和服回收的时候，把一年一次的大减价都不到店的客户，以及连续 3 个月不到店的客户都称为"休眠客户"，并且我会尝试重新与他们取得联系。这时候我会告诉对方"上次大减价的活动您没能来，所以我想专门为××先生 / 女士做一次秘密的促销活动"。

对我们而言，打折不仅是为了卖产品，活动背后还有一层意义，即"区分回头客和休眠客户"。

接近休眠客户最有效的方法就是——"在现实生活中和客户取得联系"。

如果知道电话号码就打电话，知道地址就寄明信片。如果是邮件杂志或是 LINE 的话，很有可能早就被对方解除好友关系，或者对方收到了信息也不阅读，如果客户需求不高的话，即使读了消息，大概率也不会到店。

在实际挖掘休眠客户的过程中我们做了哪些工作呢？我们会先给客户发送活动宣传的明信片，然后再打电话。休眠客户多的情况下，我们会先划分人数再发送明信片、打电话。如果感觉明信片很难写，就发送邮件后再给客户打电话。不管怎样，在现实生活中和客户取得联系是非常重要的。

这些做法和我们针对回头客的做法没有太大区别，但给休眠客户发送活动明信片的时候，除了一些"秘密"介绍，我还会附上"可能会给您打电话，届时请多关照"。

虽然只是一小句话，但把它放进活动明信片里能够让对方意识到我们可能会打电话，到时候如果真的给对方打电话的话，接通的概率也会变高。

挖掘休眠客户虽然不是最优先要做的事项，但大家可以实践一下。在把拓展新客户、招揽回头客的流程进行系统化的同时，如果能把挖掘休眠客户的流程也进行系统化的话，后续会变得更轻松。

15 挖掘休眠客户的流程和 NG 词汇

挖掘休眠客户的时候尽量亲自打电话，多询问客户。不过这种做法需要交流能力，如果没有交流技巧的话会比较困难。所以我的方法很简单，就是给客户寄明信片后再打电话跟客户"确认明信片是否送到"。

这个做法和给企业发 DM 广告、发资料是一样的，但大家请注意，发送明信片和资料后千万不要打电话询问客户"我给您发了明信片，您看了吗？"

客户会认为这是麻烦的推销电话，想早点挂断。大部分情况下客户出于这种心理，即使看过资料了也会回答"还没看"。假如客户真的回答"没有看"，大部分人也就没辙了，只能说"有时间的话请您看一下"。所以，别问看没看，我们只需要确认事实就好。

所谓事实就是"收到了还是没有收到"。如果对方说"没有收到"或者"不知道"，我们可以说"这边再给您发一次"，如果对方说"收到了但是没有看到"，就可以说"收到了就好，之后再给您打电话吧"。因为我们只确认事实，所以这种做法并不会让客户产生"麻烦""可能会被推销"的负面情绪。

如果客户回答说"看到了"，就对他说："谢谢您！这个活动您一定会玩得很开心的，恭候您的光临哟！秘密折扣的时间是从 × 月 × 日到 × 月 × 日。"习惯这套话术后还可以补充一句"您还有什么不明白的地方吗？"

这个时候也不要强行尬聊、推销。由于很久没和客户联系过了，聊天时间过长会让客户认为"这人太麻烦"，那和客户见的距离就会更远。

就算这次活动客户没有到店，也可以下次再邀请。但如果把客户惹毛了，他就会告诉你"别再打电话来了！"

顺便说一下，我在挖掘休眠客户的时候，会多给几个人打电话并问一些问题。问他们不能到店的理由，现在是怎么解决这些需求的。我在这些内容的基础上，找到能让休眠客户再次到店的词汇，制作出恰当的信息。

这种电话一般耗时较长，所以就需要有谈话技巧的人来应对。如果熟练到一定程度，就可以制作相应的话术（询问列表），然后交给员工执行。

顾客久未到店的原因基本没有太大的差异，即使没有做到这一步，只要收集的信息差不多了，就可以像上面讲的，询问客户是否收到明信片，按照流程邀请客户到店，这样做比较简单，大家可以先实践简单的方法。

16　思考如何让每个人都能拿到结果

在本章的开头就提到了"揽客最容易实现自动化"，一旦发现有效果的揽客的方法，就可以朝自动化方向发展。

我之所以能打造生意自动化，是因为我只要掌握了业务整体的流程，就会全面思考、打造揽客的流程，我会在后面讲到生意的核心就是揽客。该方法适用于大部分情况。

废弃自行车商业伙伴是一个全国性的组织，我在打造它的时候首先考虑的是"如何让每个人都拿到同样的结果"。

废弃自行车清理业务的创始人稻本胜美清有一个强烈的信念："解决废置自行车问题。"他用这个信念，打造了商业模式将回收的废弃自行车变现，所以这个生意不需要担心自行车的搬运和变现等实务性问题。

但如果要在全国开展废弃自行车清理业务的话，就意味着几乎所有业务都要由完全没有经验的人来做。

　　也就是说，如果这个业务必须依靠个人的能力才能做出结果的话，这个生意就很难做，而且也解决不了废弃自行车的问题。

　　所以为了让所有人（无论年龄、性别，或是做副业还是主业，甚至是今天刚进公司完全没有营业经验的新人）都可以拿到结果，我打造出了这个生意的核心——揽客。

　　现在的废弃自行车清理业务的商业模式比起当时已经有了飞跃性的进步，所有人都能轻松拿到结果。我们创造了一套不依赖个人能力的流程，营造了一个好的环境，让所有人都可以去追求想要的结果。

　　我之所以能做到这些，也是因为我设计了这门生意的入口——揽客（收集自行车）并且打造出了重复消费的流程。生意的所有部分都要用流程化思维进行思考。

　　首先考虑整体的流程，然后明确每个部分的目的，再按照优先顺序打造各个部分。按照这样的顺序开展业务，就能掌握商业自动化的诀窍，其实在很多场合都可以应用这套方法。在下一章我将进行详细说明。

17 利用外包把技术性问题团队化

我已经在本书中提到多次，揽客就是利用"推拉"的概念向客户传递信息。因此，需要同时运用多种方法，如传单、博客、网站、社交平台等等。

为了给客户传递信息，就有很多必须记住的事情以及不得不做的事情，比如写作的方法和媒介的运用方法等等。可能光听这些就已经觉得很难了。不过从结论上来讲，技术方面的事情其实都可以通过外包解决。

通过外包组建团队，靠团队来赚钱，这直接关系到生意的自动化。

大公司有时会以项目为单位组建团队。我们把项目团队引进自己公司的业务，通过打造一个最小单位的团队来取得成果。可以请有写作技能的人帮忙编辑信息、制作主页、更新博客、剪辑并上传 YouTube 的视频等。不需要找该行业的从业者，只需要找拥有这项技能的个人，就能以更低的价格把业务承包出去，现在有很多这样的服务，稍后我会进行详细说明。

如果希望尽可能不花钱的话，还有一些这样的服务：只要你会写文章就为你免费提供主页制作，把传单上传到网上就能生成网页（手写的传单也能简单地上传）。利用这些服务就可以在网上制作公司的简介页面。

我会在后面跟大家讲讲，如何使用外包，必须使用外包等第三方的力量才能让小本生意自动化。

大部分人都认为不懂传单制作和网页知识就很难做业务，但随着技术进步和服务多样化，这些都变得简单了。

我接待过很多人的咨询，他们都很清楚使用外包可以大大减轻工作负担，但关键在于不知道如何寻找外包，不知道如何向外包委托工作，或者和外包沟通业务的过程中耗费了很多精力。

其中有很多案例适合一个渠道找外包，其效果会比复合性渠道好。总之，我听到最多的就是不知道做什么、怎么做。

有的咨询还会问到关于揽客、重复消费以及商业模式等的话题，会问我具体的实施方法。但由于我的时间太少，不能一对一地了解，单独咨询价格很贵，即使帮忙解决了某个点，也很难做到长期跟踪。

于是我们打造了一个只限会员加入的俱乐部，名字叫作"小本生意创客俱乐部"——SBCC（Small Business Creat Club），旨在为大家提供小本生意的战略立案到生意自动化的咨询。

在SBCC，可以学习我在本书讲到的揽客和重复消费战略、销售和写作等基本知识，学习如何利用外包使业务自动化，我们的目的是拥有不受时间和金钱束缚的生活方式。

这个俱乐部主要面向的人群是想做小本生意、想打造业务自动化、想提高顾客招揽和销售能力、想拥有不受时间和金钱束缚的生活方式的人。俱乐部是会员制团体，以我为中心，由全体人员共同运营。

大部分情况下，只需要一点点关注和建议，就可以让生意的结果发生很大改变。特别是小本生意，由于你的想法会直接体现在生意上，所以必须在一瞬间就要做出适当的判断。

正因为我挺过了停业、负债的黑暗时期，所以才能体会到：打造一个可供真正理解小本生意的人相互交流的环境其实也是在帮助自己。

想让生活方式不受时间和金钱束缚的人，想做生意却不知从何开始的人，想打造业务自动化却不知道如何外包的人，想提高揽客能力、促销和写作能力的人，请一定要加入 SBCC。大家可以在我的官网 GATE PLUS 上了解详细信息。

第五章　实现生意自动化需要的措施

01　生意自动化由四大要素组成

接下来我跟大家讲讲为了真正实现小本生意自动化需要完成哪些步骤。要实现小本生意自动化其实不需要特别的才能和能力，不需要花大量的钱投资设备，也不需要雇用大量的员工扩大组织。

事实上，越小的组织反而越容易实现业务自动化。为了实现业务自动化并解放自己，必须做的大致有以下四大要素：

- 集中打造商业的核心
- 将本公司的商业模式可视化、模块化
- 制定商业自动化的方针

• 决定将各模块交给谁

这四个要素和组织、金钱、能力等完全没有关系。我会在后面依次讲解详细内容，先大致跟大家解释一下框架。

◆ 集中打造商业的核心

生意的核心是和金钱直接挂钩的部分，把握这一点就可以将生意搭建起来。

小本生意最重要的是提高收益。因此需要集中打造生意的核心。

生意的核心非常重要，毫不夸张地说，如果能够打造生意的核心，就完成了商业自动化的 8 成。

◆ 将本公司的商业模式可视化、模块化

通过将本公司的商业模式可视化，就能客观地把握人、物、钱的流向。

商业模式可视化不仅可以将想象的东西具体地展示出来，还能让你看到生意流动停滞的地方（瓶颈）、接下来的目标、想要实施的措施。只需要完成这个步骤就能打造商务战略的基础。

◆ 制定商业自动化的方针

为了实现生意自动化，需要把生意打造成人人都能做的形式。因此需要明确想法是什么、怎么做，并制定相应的方针。

◆ 决定将各模块交给谁

为了让自己得到解放，需要判断是由自己的公司处理工作和业务？还是交给外包？或者还是不做呢？

如果能按照我所讲，把商业模型实现可视化、划分模块的话，工作起来就不会太困难。

02　将生意的核心自动化

将生意的核心自动化其实和揽客是一样的，就是"把对你经营的商品和服务感兴趣的人聚集到你的身边"。如果揽客能决定生意的成败，那么打造生意的时候就需要进行全面测试。

比如餐饮店要提高销售额，大部分人会先选择开发新菜单。如果阅读与餐饮相关书籍，就能看到书上写着"开发新菜单，将新菜单作为招揽客户的重点产品（卖点、差异化）"。

深入来讲，开发新菜单本身是没有什么问题，但大部分人都没有想过开发新产品是为了防止回头客厌倦，同时也是为了挖掘新客户。

我们在考虑生意自动化的时候，要好好想想必须做的第一件事是不是新菜单的开发。

请稍微回想一下钱的流动路线：让顾客对商品和服务产生兴趣到最后变现。而新菜单变现的流程是：让客户知道新菜单、对菜单感兴趣、到店、点餐，最后变成钱。

也就是说，如果不能让客户知道新菜单就不可能吸引新客户，无论开发多少新菜单也不能变成钱。

也有人会反驳"开发了新菜单才能搞宣传吸引客户呀"。但如果只靠发布新菜单就能吸引客户的话，那所有餐饮店都赚得盆满钵满了，现实却并非如此吧。

当然，还可能出现新菜单大卖后人气突然下滑的情况，这只能听天由命了。大多情况，我们是无法控制结局的，即使开发了新菜单也许仍没办法取得预期效果，这就是现实。

我并不是批评开发新菜单不好，而是"如果想用新菜单来吸引客人，该如何让客户知道这个新菜单呢？"无论多么努力地开发新菜单，如果没有人知道，就不能吸引顾客消费以增加营业额。

开发好新菜单后再揽客，还是在本就能揽客的状态下推出新菜单呢？大家可以思考一下这两种商业手段哪一个更容易赚钱。

无论开发出了什么样的新商品，如果你向消费者传达的信息和你的竞争对手没有区别，那你的产品和街上随处可见的东西也就没有区别了。

如果不能建立一套让顾客主动购买的机制，那就只能等着顾客主动下单。简言之，如果没有一套吸引客户、售卖产品的机制，生意就会完全依赖于顾客，处于被动状态。

这样一来，生意的自动化和平稳运行就会变得比较困难。虽然我讲得有点绕，不过大家要明白发布新商品和新服务不是坏事，但前提是要时刻意识到生意的核心是什么。只有这样，就算经营的商品和服务变换成了其他生意，也还能把生意做下去。

03　将本公司的商业模型可视化

世界上所有事物都是由某些东西组合而成的。生意也是一样的，由各种各样模块组成的。为了使生意自动化，需要先将这些模块拆开，分为必要的东西、不必要的东西、需要外包的东西。

可视化和拆分可以分为以下三个部分进行。

- 本公司商业模式的可视化和分类
- 业务的可视化和分类
- 作业的可视化和分类

可能有些部分不是通用的。我将商业模式进行可视化后拆分出来的模块称为"业务"，将业务进行可视化后拆分出来的模块称为"作业"，这样比较容易理解。

可以用图来展示商业模型的可视化，手写也没关系，这样比较直观。写出现在的真实状况，删掉自己想象的部分。

在打造生意和发布服务的时候，我一定会将商业模式和业务进行可视化，总结想法。

这个方式不仅可以具体输出脑海中的内容，还可以把握业务的整体流程，把握业务流程停滞的地方（瓶颈），同时还能让你思考今后当作目标的公司、人，以及想用的方法。靠这个方式就可以打造商业战略的基础。

在生意发展的过程中也会出现迷茫、停滞的时候，这时可以修正商业模式图，或者重新设计模式图和战略等，非常有效。

划分模块，首先要把商业模型（人、物、钱的流向）进行可视化。已经在运营项目的人做商业模式的可视化会比想象中要容易。大概30分钟到1小时左右就可以完成。

将本公司的商业模式可视化的流程大致有以下两种。

·将自己以外的相关人员进行小组分类（揽客、变现渠道、进货渠道）

·将每个项目进行详细记录（是谁、做什么、什么时候、怎么做，等等）

接下来要做生意或开发新服务的人就按上面的方式写，即使是大概的印象也没关系。如果要做多个业务和多个服务就分别进行可视化。就算是复合性的业务也是由一个一个的服务叠加出来的，所以也要分开记录。

最好是写在 A3 以上尺寸的纸上。纸张小空白就少，字也必须写得小，连思考也会有变狭窄的倾向，这个现象很神奇。难得画一次可视化图，所以请不要在意张纸上的空白和文字的大小，享受过程。接下来看看各部分的可视化吧。

◆ 揽客的可视化

以自己（自己的公司）为中心，明确和金钱直接相关的部分。如果没有人买单的话生意就做不下去，所以我们把要接触的潜在客户和方法进行可视化。

把消费商品和服务的目标客户写出来，是"B to C"（对象是消费者）还是"B to B"（目标是企业的话就写出行业）。如果接触的有公司有个人，对象较多的话就全部写出来。

明确这些目标客户的管理权力在谁手上（拥有审批权的人、部门、管辖区等）。可以的话最好弄清楚审批方式。如果企业的审批方式较为分散，大致弄清楚就行了。记录方法可以是"由个人判断来决定订单、由会议决定订单、由总部决定订单"。

明白了如何审批，接下来就写清是在什么时候、哪个时间点进行的审批，以及什么时候接触我方（咨询等）。如果是由公司或部门进行审批，那么每年的需求差不多在同一个时期，如果是由个人决定，就可以弄明白客户的需求是定期的还是不定期的或者只是暂时的。弄清时间点后，就更容易在恰当的时间点恰到好处地进行销售。

接着记录如何接近审批者。比如传单、互联网、免费报纸、口碑、销售等。例如，如果要使用互联网，就需要明确使用的工具（网页、博客、邮件杂志、YouTube、Facebook、Instagram、Twitter等）、是否需要广告、广告媒介等。接近企业和个人的方法有时会有区别，所以要分别写下合适的方法。也许还会用到多个媒介（跨媒体战略），请一并记录下来。

写出客户用什么手段向你咨询或联系。比如电话、邮件、传真、网络系统等。

写出促销活动（"本店会……所以请您……"这类文案，例如，"本店打折，欢迎大家到店哟。"）和金额。活动是免费还是收费？收费是收多少钱？

这步的目的是把揽客进行可视化，所以请明确如何接近潜在客户，以及潜在客户（现有客户）是如何与你接触的，因此不需要考虑客户是否购买商品。买方的可视化可以单独记一组。

如果是经营实体店铺就要写出客户到店的流程。如果是网络销售就要记录客户访问网站和获得产品列表的流程。

　　如果你是分包人，做法也是一样的。做分包的话，是总承包人付钱给你。总承包人的最前端是拥有审判权的顾客，所以即使做二次分包、三次分包，也要把接触到顾客的流程写下来。

　　我认为做分包很难按照自己的判断来控制生意，如果可以，还是从分包商中脱离直接做总承包商，通过紧密联系终端用户、确保收益源来对冲风险。明确拥有审判权的顾客（真正的审判者）是谁，这会为脱离分包提供很大的启发，所以十分重要。当然，还有一个必须提前明确的问题，即总承包人里也有审批人。

　　关于书写顺序。所有的生意都有共同之处，但请先写出现在做的业务内容。写完了再写尚未合作、但今后可能成为目标客户的人（行业），以及接近他们的方法。如果客户是个人的话，请写出还没有实践过的接触方法。同时可以想想潜在客户（群体）可能出现的地方。这样做能极大程度明确召集到买主的整个流程（揽客的可视化）。

◆ 供应商的可视化

如果做的生意需要进货，就记录上采购相关的信息。基本的思考方法和揽客的可视化的步骤是一样的。如果是不需要采购商品的服务行业就记录上从哪里搜集素材，从哪里收集信息（想和怎样的人联系）就会更具体。

包括收购在内，是从批发商进货？从厂家进货？从个人手里进货？从中介公司进货？还是利用网络进行采购呢？如果是从批发商处进货，就记录下到厂家的整个流程。

采购也需要销售（交涉），请明确如何进行价格和交易条件等的谈判。供应商过多业务就会变得繁杂，所以需要列一个清单进行修订。为了区分不需要再继续的合作也需要在修订清单时进行把握。

该如何与供应商对接订货、退货、支付、物流等？是通过电话、邮件、传真、WEB系统、邮寄、投递等哪种方式呢？明确这个问题可以确认业务是否变繁杂了。有的企业既用邮件，也用传真和电话，一旦发生变化就容易搞不清状况。

大多情况下账单和报价单都是用的自己公司的格式，但是订货单大多是用供应商的格式，很难将所有供应商都统一成同一个格式，不过至少可以统一订货方式（例如只用邮件等）。

如果公司经营"中古产品"（二手货），生意的核心就是采购（进货），所以也需要像揽客一样把采购进行全面的可视化"从哪里进货、如何进货、谁有审批权、怎么接近审批者等"。

一定不要忘记自动化要从和金钱直接相关的地方开始。先要打造生意的核心，自己公司的业务改善可以由自己来控制，进行可视化会更简单明了。

虽然刚才举了供应商的修正和书面格式的例子，但由于这些都不是和钱直接相关的部分，所以它们并不是最优先要做的事项。首先还是要关注和钱直接相关的部分，比如采购价格的交涉等。下一步着手优化和缩短时间（效率化）相关的部分，请按照这个顺序进行。

◆ 变现渠道可视化

将商品和服务变成钱的瞬间进行可视化。对大部分生意而言，招揽到的人就是买主，所以要把这部分作为特例单独记录下来。

各项目也要"和揽客直接相关"，我补充一些需要添加的要素：

• 提供的商品和服务是什么？大部分被揽客的可视化会出现折扣活动、商品阵容的内容，一般都选择最想卖（最赚钱）的商品、服务或者是卖得最多的商品。

• 销售价格是多少？如果买了相关商品，客户的 LTV（顾客生涯价值）是多少？

• 在哪里卖商品和服务？网上、邮购、商店、活动、旅游、销售、电视，还是广播？

• 怎么收钱？赊销、信贷、现金还是银行汇款？

• 存款网站怎么样？

• 产品和服务交付的时间点。是在店铺里、当地、邮寄、配送，还是网上下载？

• 后续的跟踪手段。是网络（邮件、SNS）、电话、写信、邮寄广告还是传单?

　·使用追加销售 (Up-sell) 与交叉销售 (Cross-sell) (提供周边商品和更贵的商品) 等。

　根据企业类型的不同,列出的项目可能会出现增减,但由于最终目的是为了将人、物、钱的流向进行可视化,所以只要大致明白这些就没有问题了。

　请记录下金额等能用数字表示的东西,即使粗略一些也没关系。即使你什么都不懂,也先试着把有关联的东西记录出来。

　通过将本公司的商业模式可视化,你将能客观地把握人、物、钱的流向。我上面提到过,通过这种做法,你能看到相应的战略,同时也完成了商业模型的模块化。

　这些模块对应的就是要做的业务,所以下一步要把业务进行可视化。将公司的商业模式进行可视化具有很大的力量,所以无论如何都要试一试。

04　制定商业自动化的方针

我时刻提醒自己要打造"不依赖人的生意"。不依赖人并不等于不需要人，而是"结果不会根据人的能力不同而产生很大变化"。

也就是说，商业自动化的诀窍和内容就是打造一个所有人都能拿到结果的、具有可再现性的商业模式。

以销售为例。每个生意的经营者都是不同的，有的人擅长销售、有的人不擅长销售。擅长销售的经营者，虽然可以带头工作，但需要随时在现场指挥，不仅不能中途离开现场，到最后可能所有事情都得自己做。

擅长销售的经营者往往会觉得干不好销售的人很无能，所以需要自己时刻关心销售状况。而不擅长销售的经营者会认为销售就让顶尖（王牌）推销员做就行了，可一旦这位王牌销售离职，就会增加公司陷入业务危机的概率。而且越是对销售有信心的员工，其单干的可能性就越高，所以如果完全依赖王牌销售的话，也会增加公司陷入危机的概率。

为了防止这样的事情发生，就不能依赖顶尖推销员的个人能力，而是需要公司打造几个不靠个人能力还能拿到结果的推销员。出于这种的想法，我使用了传单、网络、广告、网站、销售代理等工具降低了业务对人的依赖度。

废弃自行车业务的商业伙伴们为什么能拿到结果呢？因为这个生意的核心是得到清理自行车的委托以及自行车的销售，这两部分已经完全实现了自动化。

不仅仅是销售，技术职位也是一样的。如果餐饮店的经营全靠手艺好的厨师，一旦厨师辞职，生意就会出问题，这已经不是什么新鲜事了。但如果全靠自己干技术活的话，就得一直待在工作现场，自己的时间会被门店所支配，最后就像"被雇用的店长"，成为老板主厨。恐怕大部分阅读本书的人都不想要这样的生活方式吧。

依靠员工个人能力的生意，一旦员工辞职就会很麻烦，并且如果该员工不断在公司加强自己的话语权，就会打乱公司内部的力量平衡，让组织不能顺利发挥作用。

如果生意以及自动化了还得依赖某人的个人能力，那么一旦这个人离职，情况会变得非常糟糕，业务就无法开展，生意也就做不下去了。

人与人是不同的，所以能力也会存在差异，要所有人都拿到一模一样的结果并不是一件容易的事情。但小本生意还是必须设计一个尽可能不依赖个人能力的生意构架，让每个人都能以较高水平拿到相同结果。但如果这个生意必须得依靠个人能力才能做的话，就需要进行大幅度调整或者做好在某个时间点撤退的准备。

05　把业务可视化并进行分类

◆ 业务的可视化

用树状图写出业务的可视化。

一旦把商业模式进行可视化，业务也就完成了模块化，接下来就要将这些模块进行可视化。要实现生意的自动化必须利用外包，要外包的话，业务的可视化就是必不可少的一环。

所谓业务就是各种作业的集合体，通过可视化可以掌握业务中所包含的作业内容。在用图将商业模式进行可视化后，将图中列出的要素都写在另一张纸上。

这个时候，按照优先顺序从高到低写出和金钱直接相关的业务核心部分。一般都是从传单和销售开始写的。这个时候就要决定这些业务是外包、取消、还是外包一部分作业内容。

也许在习惯这种方式之前，可能你还不知道什么样的业务、作业需要外包，以及不知道对方是否能接受这个工作委托，所以最好把业务模块化后再思考这些问题。

◆ 将业务进行分类

例如，销售业务在可视化后可以拆分为清单制作、预约电话、接触、跟踪、成交等模块（作业）。这一步要决定是由自己公司还是由外包来处理模块化后的作业。

　　比如我们正在做的销售业务就是一个很好的例子，业务的清单制作和电话预约委托给了销售代理公司，接触客户（发送资料）交给了兼职人员来做，客户跟踪由自己公司和销售代理公司来做，成交则由自己公司来做。

　　由于成交前需要对客户进行多次跟踪，所以就有一次、二次、三次跟踪，我们也会用邮件等方式定期和客户接触。虽然销售代理公司也会为我们设计话术，但基本都由我自己来制作话术和邮件等固定格式。因为与潜在客户的接触属于和钱直接相关的部分，所以尽量亲自完成。

　　我在制作话术的时候会认真思考，也会按同样的思路制作传单等。大部分都是格式化的内容或者从文案合集里找的内容，但由于是从其他公司的传单等汇总文件里挑出的精华部分后再进行重组，所以即使改变了商品和服务，成交率也不会降得太厉害。

　　我忘记这个想法是出自哪个公司了，好像是一家大型通信销售企业的人写的书或者文章，内容核心就是将目前为止的所有传单都进行模块化，在未来设计传单的时候只需要将内容进行重组。即使是新人，按照这种做法也能做出相同效果的传单和指南。我在看到这个想法时能强烈地感受到了"这就是我一直在寻找的东西"。无论什么行业都能用到模块化，所以请大家先从和钱直接相关的部分实施模块化。

06 由谁来处理

把商业模式进行可视化、业务和作业内容进行模块化分类后，就需要决定将各个部分交给谁处理。这些内容的分类，就是完成生意自动化、解放自己的最终阶段。完成分类后会得到四个结论：

- 由自己公司处理
- 由外包处理
- 由网页处理
- 放弃

分类有以下四个基准：

•和钱直接相关的内容由自己公司处理（作业成型后可以交给外包）

•不定期发生的细致工作由自己公司来处理或者选择放弃（如果是无论如何必须得做的作业就交给外包）

•除此之外的工作都外包

•如果是能在网络上处理的内容就用网页处理

和客人接触后最后需要做决定的时候（比如销售和成交）可以看作与金钱直接相关的内容。直接和钱相关的并且已经成型的工作（例如电话预约、资料发送、网络广告和引导页制作等），交给外包做的效率会比自己公司做要高得多。

也许在大众认知里外包的价格都很贵，但现在完全不是这样。只要在网上搜索，什么样的价位都能找到。可以多找几家问问做个对比，要是觉得自己找起来很麻烦，可以利用"在线秘书服务"进行调查，我会在后面讲讲这个服务。

07 由自己公司处理时的要点

◆ 不要把工作交给空闲的人

分好模块后就要将部分工作交给员工或者外包，接下来我跟大家讲讲在公司内分配业务时需要注意的要点。

可能在公司里常听到"公司的 ×× 现在手上没事儿做时间多，给他分点什么工作吧"。但为了防止员工偷懒而安排的工作基本都属于不做也行的事。

让员工去做本来不用做的事，就意味着事情会变得复杂，员工会优先去处理这些无足轻重的事情，最重要的工作反而会被推迟。

如果这种做法会让事情变得复杂，还不如不做，或者让兼职或小时工来顶替，或者是取消这个岗位（辞退或外包）。

如果确实不能换人，那就要接受现实，虽然对方有时间玩但人家的确做了该做的工作，不让对方去做一些莫名其妙的工作反而更明智。

◆ 不要让工作来适应个人

很多人在给员工分配工作的时候，会代入一些大企业的常识，并且无意识地使用错误的分配方式，即"让工作去适应个人"。

比如"佐藤先生擅长那个工作，就把那个工作交给他吧"，或者"铃木先生擅长和人交流，所以让他做这个工作吧"。

人都有擅长和不擅长的地方，如果某个工作在一定程度上和某个人的能力比较匹配，那是没有办法的。但小本生意必须要做到"让人去适应工作"。

如果是做小买卖，肯定会有排列展品的工作。以我的经验来看，一般擅长整理收纳的人都很擅长陈列和摆放展品。但如果只让擅长陈列的人摆放产品的话，一旦这个人辞职了就没有漂亮的产品摆放了。我会用照片记录这些看了就知道如何操作的东西。即使是独自完成作业时也尽可

能把作业内容有形地保存下来，这样在把工作交接给别人
后也会变得很轻松。

和服回收生意做移动贩卖的时候，我会用照片记录所
有的布局设计。根据场所不同，移动贩卖的布局大小和形
状都不一样，每次考虑设计布局的时候都会比较费神。所
以一旦决定好桌子的布局就拍照记录，这样一来，其他人
在做的时候也不用烦恼了。

"让人适应工作"的做法不依赖个人能力就能推进业
务。今后的工作会不断向 AI、机器人和系统的方向发展，
所以我有一种强烈的预感，在未来"打造不依赖人的商业
结构"会成为一项重要的技能。

08　由外包处理时的要点

◆ 必须利用网页

网页的使用在生意自动化里是必不可少的。如果你感
觉做的事情很麻烦，就可以在网上搜索是否有服务可以解

决这个麻烦。如果服务能解决你认为麻烦的事情，就可以享受相应的服务。如果没有的话，你也可以发布这种服务。

商业的本质是帮人做事，帮别人解决烦恼本身就是一种商业行为。如果市面上还没有服务能解决你的麻烦，那这很有可能是一个很大的商机，你可以做一个全面调查，也许一颗生意的种子就埋在你的身边。

如果你需要做定期调查，就可以使用有一种名为"在线秘书服务"的服务。不同的服务公司，其价格和服务内容都会有很大的差异，价格从数千日元起不等，这些公司会代替你调查、整理。

大家可以试着将其他业务外包出去，请记住大部分的业务和工作都可以外包。寻找外包最快的方法是利用"众包服务"。

日本比较有名的众包平台有"LANCERS""Crowd Works"等，有很多企业都在提供众包服务。不同公司专注的行业领域不同，最好事先进行调查。

◆ 到哪里寻找外包

有人会想，"我想找外包，但因为不知道到去哪里找，所以还是没办法外包"。大家要明白，大部分业务和作业都是可以外包，可以先将业务进行分类后再寻找外包。根据测试结果来外包也是一样的，测试做顺手了就可以将作业进行外包。有时我也会找专家做外包，主要有以下三个外包方法：

· 作业外包主要用众包服务

· 如果工作内容需要一定的知识和技术，就通过网络或书籍寻找专家

· 咨询拿到结果的熟人经营者

我主要利用众包解决作业的外包。因为众包平台上有很多工人和自由职业者做副业，单价便宜，而且很多人服务意识高、处理得也很好。平台上也有不少人抱着挣零花钱的心态但其实技术不怎么好，这种人会因为工作机会的减少而被淘汰，最终平台只会剩下技术好的人。在众包服

务平台，工人们为了得到工作订单而各自努力，从客户的
角度来看也有很多好处。

◆ 利用众包服务

一旦决定好要外包的业务和工作，就可以在众包服务
平台发布委托的相关内容，这时可能就会有众包工人（负
责业务的人）来报名，你可以从中挑选委托给谁。

我一般会委托给最早报名的人。如果不实际让对方做
做看是不会知道结果的，苦恼也没用。

一般我会开门见山地和先报名的人进行沟通，如果在
委托之前觉得对方反应慢或者觉得对方比较麻烦就会婉拒
他们的报名。

拒绝的时候，可以使用众包服务的公司准备的固定格
式，我会尽量修改后再使用。此外，我会尽可能给所有应
聘者回消息。即使这次时机不对没有合作的缘分，但难免
下次可能有机会合作。

我不会介意应聘者没有作业相关的经验。比起经验，我优先会看的是对方处理业务的态度。没有看到实际成品前无法了解对方会做成什么样，所以只要对方的为人不奇怪，我就会将工作委托给他。

不过，刚开始不要只根据"这一个人"的感觉来决定，可以把工作委托给多个人，比较每个人的品质和反应后再做决定。工人也是一样，也许把实际工作交付后才觉得这个人"果然不行"。所以在一开始可以多委托几个人，这样对双方都比较好。

当然，就算是对方有干劲并且感觉也不错，但如果工作质量低下还是尽量不要合作。

刚开始委托工作的时候，可以让几个人做同样的工作，可能会多花费一些预算。比如，和应聘者们交流后如果挑选出了五个人，就让五个人做内容相同的工作。根据他们的对应态度和品质来决定今后委托工作的频率。也可能有的应聘者会在这个阶段出局。

如果工作有期限，那至少要让两个人共同处理一个工作。如果将作业全部委托给一个人，一旦那个人忙起来或者身体不适，就可能导致交货期延迟、工作停滞。时间就是成本，从分散风险的角度来看，最好多人协同完成一项工作。

一般来讲，如果对方工作认真，委托其他业务也能应付自如的话，那就要尽可能和这样的人建立长期合作关系。

一般我会通过提高单价，或者稍微提高其他工作的价格来委托这样的人，以此来维持和对方的合作关系。

由于众包是网络委托，基本上都没有见过面，所以把他们当成自己的伙伴认真对待也是一种礼貌。希望大家可以把众包服务利用起来。

09　网页处理时的要点

◆ 搭建网页系统

将业务和工作的模块化和分工（由谁负责）固定后，就可以集中精力运营业务。不过实际运行中还会出现一些需要调整的小细节。

一旦完成商业模式可视化，我就会思考是否还能把它设计得更简单一些，同时也会关注各个部分的瓶颈。一旦发现后我都会对业务进行修正，这里我想跟大家建议一个方法，即把业务移交到网页系统处理。

我们开展的废弃自行车业务，大多都由网页系统来处理，包括撤离自行车的委托、销售订单、撤去履历管理、撤离报告书、撤离进度、现场安排等。

这样就不需要通过电话获取自行车销售和撤离的业务，客户只要在网页下单，应用程序和邮件就会自动将信息发送给区域负责人并进行日程管理，现场负责人根据收到的信息进行计划调整并接单。

打造好网页系统后就不需要再开设电话服务，以避免不必要的咨询。只通过网页系统受理订单能大大减少现场发生混乱的情况，进度的管理也会变得简单、服务也变得充实，对于委托方来讲也更方便。我们只需要智能手机就能随时接单、确认。网页系统带来的好处超乎想象，它是最终改变我们工作的方式，等等。

如果自己的公司打造好了系统，就可以有偿地提供给同行业的其他公司，也可以把系统卖给对方。当然，如果没有真正的网页系统，也可以使用表格计算软件 Excel 的组合宏功能（实现 Excel 复杂操作自动化的功能）。

打造了本公司使用的系统，同时也就意味着在同行业的其他公司也会有人想要使用这个系统。系统可以解决人手不足的问题、降低人工费用、让业务效率提升。

如果网页系统既能减少经费还能提高效率，就会有很多人愿意花钱买服务。其实现在也有其他非同行公司在为我提供几个网页服务。

说实话，没有打造、利用过系统的人不可能明白这些好处。但如果你正在考虑下一章讲到的生意后续发展的话，我还是建议你最好把人力转移到网页系统。

10 选择放弃

把各个模块进行分类后必须要判断哪个业务是否真的

该做。将业务进行可视化后的结果显示我们不需要通过电话、传真和邮件等途径接受废弃自行车清理业务的订单。

如果公司有电话，那客户打电话咨询肯定是天经地义的。但你可能没有注意到，只要有人接电话，客户就会认为"接电话也是一种服务"。我们不是警察也不是消防，所以不会存在紧急情况的联系电话。所以我心中一直有个疑问，既然没有紧急电话，那么真的有必要使用电话这种即时通信方式吗？

每次有电话打来，我们就要停下手头工作。这带来了很多的不方便。应该很多人都有过这种焦急的经历，由于不在场导致有未接来电，但回拨后对方也没有接电话，互相都无法联系到对方。这些问题确实很麻烦还让人火大。

大型企业的员工培训教育员工："必须在电话铃响一声的时候接电话"，但一般的公司和个体户其实不需要按照大企业的标准执行。

况且还会有客户抱怨"接电话的人态度不好"，这并不利于精神卫生。另外，人通过电话和客户打交道，会出现难以拒绝的人情世故，表现得稍有勉强还会被对方询问。

如果因为这些事情引起现厌烦情绪、过失和纠纷，那还不如取消电话服务，除必要的地方之外不再标示电话号码。现在我们每天的电话量急剧减少，一个月只有几通来电。电话量虽然减少了但还是有电话打来，所以我又使用了代理秘书服务，让他人代接电话。

代理秘书服务由专业人士代接电话，这些人就像大企业的员工一样，会非常礼貌地对待客户。而我每月只需要花费数千日元，利用价值非常高。只要有工作模块化和分类的概念，就能不断地压缩业务范围。

第六章　生意自动化以后的世界

01　生意自动化完成后的下一个阶段

随着小本生意自动化的发展，新世界的大门将为我们敞开。

生意自动化为我们打开的主要是以下五扇大门：

· 拥有多个生意的大门

· 扩张业务的大门

· 出售公司的大门

· 成为资本家的大门

· 引退的大门

也许有人会认为这些未来不现实、规模太宏大了。或者还有人会说，完全无法想象这样的生活，要是能做到这种程度现在也不至于这么辛苦。

但我讲的这些未来绝对不只针对一部分人，只要能认真理解这些过程、挨个进行实践，每个人都可以拥有这样的生活。当然，想要立马进入这样的阶段是不可能的，首先必须实现生意的自动化。大家要知道，小本生意自动化本身就蕴藏了很大的可能性。

◆ 拥有多个生意的大门

无论行业、业态如何，只要实现小本生意自动化就能同时经营多个生意。你可以创办多个公司只做一个事业，也可以在一个公司的框架下运营多个事业部。但要记住，如果要以小本生意的形式来运作，一定不能雇用过量的员工，也不要发展多个店铺。

我现在手上的业务有废弃自行车清理业务的加盟公司总部、创业者·经营支援、互联网媒体、演讲讲师·讲师派遣及研讨会制作等，基本上只靠我和2名助理来运营。

可能会有人认为我做的这些事情缺乏一致性，但其实这些生意最根本的诀窍就是不断重复本书讲过的内容，由自己公司处理必要的事情，此外的工作全部用外包解决。即使行业形态发生变化，但是手法和想法都是共同的，从个人角度来讲我也并不打算做一些与众不同的事情。

而且我可以按照自己的节奏来做事，并不会特别忙。我也知道"集中精力发展一个生意比较好"，但由于这些业务本质上没有太大区别，所以在做的过程中没有感觉很矛盾。

◆ 扩张业务的大门

生意自动化的根本是拥有不依赖他人、可再现性高的商业模式。按照本书所讲的方法执行就能打造出这样的模式。如果要扩张业务，可以参考废弃自行车清理业务的做法，我也举过好几次例子了。稻本胜美先生和我作为废弃自行车清理生意的创始人，把总结出的所有小本生意的诀窍都投入了进去，将业务发展到了全国。这听起来可能有些自吹自擂，但废弃自行车清理的确是一个能做到自动化且非常有趣的商业模式。

◆ 出售公司的大门

如果自己的公司可以实现盈利，就会有人想要收购你的公司。即使是处在收益不高的阶段，也会有人关注该业务在未来的发展潜力。

一听出售公司，就会给人"企业被收购"的消极印象。也有人会认为"这只是有钱的公司之间的事""业务不赚钱的话还是卖不出去吧"。特别是小地方，很少听说有人卖公司，所以大多数人都无法真正地理解"卖公司"。

但在现实生活中，个人和中小企业由于后继无人或者因为其他原因出售公司已经不是什么稀奇事了，政府也开始认真思考有关企业事业继承的对策。所以无论是在心理上还是物质上，出售企业的门槛都在降低。

此外，听到"serial entrepreneur"这一词的机会也变多了（日语叫"连续创业者"，即事业启动并进入正轨后就将其出售，然后再启动下一个事业）。

作为一个做生意的一般手法，估计今后出售公司这个行为会变得越来越普遍。从个人来说，今后会听到很多有关事业继承的话题，以及听到他人说"有机会就把公司卖出去"的概率也会越来越多。

我个人感觉，在这种大环境里一般人会选择买现成的公司，因为风险会比从头创业低。

从零开始创业，除了要打造商业模式、发展新客户，还要做很多事。如果收购已经开始经营的生意就意味着有一定的客户基础和信用，这时将精力放在管理上，获得收益的可能性也会变高。

从这个角度来看，个人购买公司的需求应该也在增加。如果购买了公司，就可以从商业模式的可视化开始实现自动化，这个过程应该会很有意思。

◆ 成为资本家的大门

打造自己的资产，把做生意赚来的钱投资到股票和不动产上，由此获得投资收益（持有资产时得到的利益）和资本收益（卖掉资产时得到的利益）。

即使做小生意也能拥有足够的资产、被周围的人称为资本家。当然，通过多个生意获得现金流也是很好的资产，但我还是认为持有高兑换性（容易买卖）的资产会更好。

比如法拉利、兰博基尼等高级跑车，即使二手也几乎不会降价。不仅如此，碰上市场价格高涨的话还会出现售价比购买时更高的情况。

我把其称为"高转卖价值（resale value）"，什么是高转卖价值呢，说得接地气一点，比如"劳力士"和"爱马仕"这样的名牌商品，就算是购买新品也几乎不会贬值，如果遇上限量版可能价格还会上涨。损坏的劳力士手表还能拆下来做零件，所以价值不可能变成零。

如果想要持有一些有现金功能的物品，这些名牌商品也是一个好的选择。但名牌商品中也有不好转卖的产品，买的时候要注意。近期也有很多人关注名画等艺术品，这也是资产的一种。

在购买高额的产品时可能会感觉有些吃力，但是一旦购买了，它们就可以作为资金周转。虽然汽车也存在保养费的说法，但实际上也有很多卖车赚钱的例子。

可能单从日本国内来看，还不知道有多少需求，但是从世界来看，通常有需求的东西都会流向行情高的地方，所以兑换性也会非常高。有一点非常重要，作为一个资本家，如果要保证自己拥有足够多的收入，就必须去跨越各种各样的障碍，以坚定的想法不断地前进。

◆ 引退的大门

生意自动化以后，业务的开展基本是以管理为中心。如果出现可以委以重任的人就可以将生意交付其进行管理，那么引退也是一个可以充分考虑的选择。不过，如果生意已经做到了这种阶段，那生活方式也应该比较充实，不需要隐退之类的概念吧。

我曾经有一年左右的时间几乎不出现在台前，但后来还有很多想要去尝试的事情，所以就将引退延期了。

很多人都对引退这个词充满了憧憬，但如果能拥有充裕的时间和金钱，即使没有引退也能愉快地度过每一天。也许当你真正能赚钱的时候，引退这个词只会让你感到空虚。

一般提到引退，很多人都会想到利用股票、房地产等创造资产，或者利用某个东西用创造财产。其实，如果能打造一个生意解放自己，那既能得到时间又能赚到钱，那时候把时间和金钱用在什么地方就全凭你自己决定了。

02 小本生意自动化的真面目

读到这里，应该已经有人意识到了，小本生意的自动化是指"重新审视本公司经营的诀窍，将其内容化并对其进行包装"。

诀窍是知识、智慧、技术、手法、信息、战略、思考、经验等全部内容的总称。将打造生意自动化的经验技术内容化并将其进行包装。即使未来经营的服务和商品发生变化，实际做法也不会发生太大改变。生意自动化蕴藏着很大的可能性，通过运用生意自动化的经验技术可以打造多个生意。有的人听到诀窍和内容，就莫名地觉得很难，或者觉得很怪，但它们其实和公司的各种手册是一样的。

比如接电话手册、接待手册、销售手册等，这些都是总结本公司经验后得到的内容。要让生意自动化，就需要创造一个不依赖人的商业模式。其实生意自动化就是将技巧内容化后落实到手册的实操作业。

简单来说，就是"总结做生意的过程中顺利推进的部分"。这样一想是不是感觉更熟悉？

03 技巧包装是本质

我提供的商务服务中也有商业支援事业。大致分为两种，一种是为在小地方努力的中小企业提供数字化转型的支援服务。

最近每天都会听到关于数字化技术的新闻，比如AI、IoT、5G等。从业务效率化、生产率提高、新产品开发等方面来看，无论什么行业都不可以忽视这些技术在商业中的应用。

但现状是这些数字化技术的运用非常落后，特别是地方的中小企业。我有两个据点，一个是福岛、一个是东京，所以真的能切身体会到地方和首都的差距。

即使地方企业想要顺利地应用数字化技术，但其实不仅门槛高而且还不知道和谁商量。最后只能委托当地的网页制作公司，推行一些没有任何效果的数字化转型。我见过很多这样的案例。

和互联网的黎明期相比，数字化转型涉及的方面非常多。如果不能专注于真正需要的要素，就会耗费大量的时间和成本，永无止境。那么业务的哪个部分要进行哪种程度的数字化转型呢？我只能以我的技巧为基础给出一些建议。

我的另一种商业支援针对的是创业者和经营者。其中之一就是运营名为小本生意创意俱乐部（SBCC）的会员制俱乐部。

SBCC 是限定会员制的俱乐部，以小本生意为手段，以"创造不受时间和金钱束缚的丰富生活方式"为目的，从商业启动到战略立案、商业自动化的打造，会员都可以进行全面的学习。

加入 SBCC 的会员们想要解决的课题都各有不同，有的人打造出商业模式是为了创业，有的人想要强化销售能力，有的人则想要重建已有的业务，等等。

不过，一个问题的解决并不意味着生意就能顺利做下去，有很多问题是相互纠缠且具有复合性的，即使解决了一个问题，还需要再解决下一个问题。就像是打鼹鼠游戏一样没完没了。

有些人告诉我，虽然他们给了咨询顾问高额的报酬，但"什么问题都解决不了"。其实原因在于客户感受到的问题和本来应该解决的问题是不一样的，所以这样的咨询是不会有结果的。

我将其称为"表面问题"。如果没有注意到表面问题和本来应该解决的问题之间存在的差异，生意就会变得越来越复杂、越来越难。

我并不重视每个人想解决的问题是什么。我能提供的只是让他们把小本生意当成手段，通过生意自动化获得时间和金钱。其实聚集在培训班的人所追求的也无非就是时间和金钱罢了。

刚开始大家都有各种各样的焦虑，想解决的问题也都很分散，但其实大部分问题都只是表面问题。就算全部弄明白了，也无法得到真正想要的结果。

我会让他们把各自的问题暂且放在一边，好好地纠正他们追求的到底是什么，这样就能让他们回想起做生意真正的目的（将生意自动化，获得时间和金钱）。

如果大家追求的结果都是一样，那么只需要告诉大家到达结果的路径是什么，只需要按照这个路径不断前进就好了。比起细致地解决每一个问题，正确地理解小本生意的思考方法和做法才是通往想要成功路上的捷径。

正因为小本生意的事业规模和商业模式都很小，所以本人的想法都会直接地反映到生意的成果上。因此本人的精神状态比什么都重要。本人对这个思想的理解，直接决定了能否最大限度地发挥小本生意的效果，以及能否取得成果。

这些都是我对做生意总结出来的技巧进行内容化、包装而成的内容。如果真的要以小本生意为手段得到想要结果，这些内容可以帮助到大家。况且还有很多人想学习这些内容。

做生意就是解决客户面临的问题。如果我总结的诀窍是大家需要的、能发挥作用，那就不需要再保密了。

04 对事业进行包装

如上所述，我现在从事着废弃自行车清理业务。15年前就致力于废弃自行车业务的生意创始人稻本胜美和我把目前为止的所有经验作为基础，共同探讨如何提高小本生意的收益，并打造出了这套商业模式。

我自己在实践这套商业模式的同时，进一步打造出了可再现性高的商业模式，将这个事业进行包装后，凭借废弃自行车商业伙伴的制度打造出了全国性组织。

我经常被问到"为什么要公开废弃自行车业务的诀窍？"从结论来看，是因为我可能做到了在全国范围内开展业务。

要发展实体生意就一定会涉及物流。我们的据点中心是关东和福岛，撤离自行车或销售自行车都意味着要消耗运输成本。

自行车搬运的距离越大物流成本越高，这样就无法盈利。所以无论收到什么样的咨询业务，都无法承接远距离地区的业务。

那在各地设立分店来开展业务呢？这意味着要花费人力、物力和财力，生意会不断地复杂化。这种做法需要扩大公司规模，与小本生意的理念背道而驰，所以并不是我们所追求的。

　　由自己的公司处理所有业务意味着霸占市场、制造对手，虽然这是做生意的惯性想法，但却不是我们想要的生意风格。

　　那该怎么办？我选择了公开经营技巧。

　　我们的做法是根据地区划分，由当地的商业伙伴承接业务。如果在大阪，就由大阪的合作伙伴撤离自行车将其换成钱。在广岛就由广岛的合作伙伴撤离自行车并将其换成钱。

　　当然，东京都内和相邻的县也是一样。特别是东京都市中心的交通堵塞很严重，即使是一家公司负责一大片范围都会比较吃力。为了解决这些问题，我们将废弃自行车业务的所有经验进行包装，建立了合作伙伴制度，以日本第一的废弃自行车清理集团的身份做出了实际的成绩并取得了客户信赖。

　　我们认真地对待废弃自行车的问题，也拥有一套解决的方法，但是出于物理性因素的限制导致其他地区的废弃自行车问题无法解决。正因如此，我们打造出了这套系统，利用生意的形式获得其他人的帮助,让他们享受利益,并持续帮我们处理业务。

就这样,实现生意自动化后就可以在同一矢量上展开业务,打造新的商业形式。

还可以向其他公司(包括经营新服务的其他行业)公开业务包装的技巧,创造新的收益来源。

让生意在一个矢量上得到巩固后,就可以不断地横向发展,大家可以想象一下这种做法带来的利益有多大。

05 舍弃市场争夺的概念

有一些声音问我:"如果把所有的技术诀窍都免费公开的话,竞争对手会变多吧?"这个问题不仅是针对废弃自行车清理业务。实际上竞争对手的确增加了。但是话说回来,反正一家公司又不可能霸占所有的市场。

废弃自行车太多了,不可能全部只靠我们来处理。本身我们也没想过要扩大公司，所以我们不想争夺市场，只要有利润就足够了。

我们的合作伙伴也是以小本生意的形式来开展工作，不需要每个月赚几百万日元或几千万日元。大家就想一点一点努力解决废弃自行车的问题，做得都很开心。

在我公开技巧后，有的人会恍然大悟——"原来还有这样的生意！"这些人不仅不会成为我们的商业伙伴，反而还会自立门户做这门生意，不过我并不会介意。

各位也一样，即使我在书中讲了那么多，如果不实践，不实际发布内容服务、卖卖货，就不会对这些内容有切身体会。

不过，一旦实践后知道这个方法的确能卖货的话，大家就会非常高兴——"原来真的能卖出去！"还能够强烈地感受到生意的全新可能性。

用自己总结的技巧帮助他人解决问题拿到更好的结果，是最让我开心的事情。

在未来价值观会发生显著变化，不应该想着独占成功，而是通过分享成功进而抓住更多的结果。我认为在今后共存、共享的商业模式比封闭的商业模式更受到人们的关注。

总　结

本书主要讲述了我为了从生意中解放出来，用了什么样的想法和手段启动生意直到打造出生意自动化。

也许大家会认为同时拥有时间和金钱是一件难事，但事实上，如果把其当作一个技能来掌握，应该就不会感觉那么难了。

刚开始不要想着一次性实践完所有的内容，要先将自己的商业模式进行可视化，将其拆分为各个部分，打开生意潜力的大门。

对从零开始创业的人来讲，能轻松拿到结果并耗时最短的方法是什么呢？就是打造生意的方式要以解放自己为前提，不断地对生意进行测试，对测试结果进行仔细筛查。我之所以要把小本生意自动化的方法打造成一个技能，是源自我对每个问题的解决方案都进行了彻底的思考和实践。这个过程中时常贯穿着的想法就是"拥有时间自由和金钱自由"。

"自由即责任"。

第一次创业的时候，我认为"得到了让自己从各种各样的制约中解脱出来、随心所欲地生活下去的方法"。但当我正视创业的失败和高额的债务时才明白，没有做好承担一切责任的觉悟就不可能得到真正的自由。

或许有人会抵触把自己公司的技巧进行内容化或者包装生意将其扩张的话题。尽管如此，我还是要诚实地告诉大家这一切，因为我希望这些内容能为你们的生意做点贡献，无论以什么形式。我写这本书就要负起责任。

我的另一个责任就是解决你的难题、避免你因行动的停滞而错失机会，不知读到这里的你有关生意的启动、商业模式的打造、生意的自动化、内容化等方面有什么想法，所以我在卷末为你准备了有用的信息和四大优惠。对废弃自行车业务感兴趣的人、对SBCC（小本生意创意俱乐部）感兴趣的人、对生意自动化感兴趣的人，大家有不同的兴

趣点，想解决的问题也可能不同，但最终大家想要的结果
就是"不受时间和金钱约束的生活方式"。

　　钱不是全部，但有钱可以让你在各种情况下多一些选
择。只要有时间，生活就会变得轻松。而现在，你已经了
解了同时拥有金钱和时间的方法。

　　如果你想以小本生意为手段，拥有一种心灵丰富的生
活方式，请一定要接受这四大优惠，如果大家能把这些内
容都运用在生意上我会非常开心。

　　小本生意可以根据你的想象无限地扩大其可能性。我
衷心希望你可以不被时间束缚，选择一条年收入千万日元
的道路走下去。